희망이라는 절망

희망이라는 절망

정한용 시집

청색종이

미소에게

차례

희망이라는 절망

정한용 시집

I

13 꿈에서 시를 쓰다
14 빠지다
15 괜찮다
16 포개어진 세계에서
17 산수유 꽃그늘 아래
18 가지가 찢어지다
20 우린 모두 어딘가에서 왔다
22 돌아가고 싶은, 돌아갈 수 없는
24 둥글게 둥글게
25 안녕, 미자르
26 소리가 소리를 두드린다
28 시간 저장소
29 시간의 얼굴
30 시간에는 빈틈이 없다

II

33 희망이라는 절망
34 까치집
36 이후의 빛
38 선각여래를 만나 뵙고
40 겨우 전부
42 붉은 숲
46 서울의 밤
48 우리들의 밤을 위하여
50 키세스 키세스 키세스
52 눈게야, 너 어디 갔니?
54 우리는 사람이 아니다
55 무지개 너머로
56 어쩌면 신이 있는 거 같기도 하다
58 좀비들

III

63 툭, 잎이 지고
64 예순네 개의 손
66 꾀꼬리
67 머리카락이 뭐라카는지
68 물은 혼자서도 길을 찾아간다
70 알 수도 있는 사람
72 푸른 여권
73 땅끝에서 보낸 날들

74 로드킬 S/Z
76 누구시던가?
78 선인장꽃
79 봄의 전언
80 송홧가루
82 귀소(歸巢)

IV

87 분갈이를 하며
88 꽃 따기
90 둥근잎유홍초
92 풀과 벌레
94 방아쇠를 당기며
96 왼쪽으로 넘어지다
98 엔딩 송
100 내가 누운 곳
102 방풍나물을 먹으며
104 그림자 지우기
105 사랑의 무게
106 언젠가 우리 다시
108 비록 먼지가 된다 해도
109 우수아이아

작가 노트
113 산문시집을 엮으며

I

꿈에서 시를 쓰다

엊그제 밤엔 꿈꾸면서 울었다. 잠에서 깨었을 때 정말로 두 눈에 눈물이 흥건했다. 얼마나 울었던지 이불이 다 젖고 침대가 홍수에 떠내려가고 있었다. 엉엉 울었던 것 같은데, 잠꼬대 소리를 내진 않았나 보다. 그러니까 그 슬픔은 나만의 비밀로 숨겨도 될 터이지만, 좀 아까운 생각이 들어 공개하는 바이다. 그렇게 슬펐던 이유는, 내가 쓴 시를 보고 주변 사람들이 엉엉 울었기 때문이다. 그들이 울어서 나도 따라 울었다. 아주 슬픈, 딱 여섯 줄짜리 시였다. 첫 행을 읽을 때 사람들이 경직되더니, 두 번째 행을 읽을 때 눈물을 쏟기 시작했다. 세 번째 행을 읽자 오열하기 시작했고, 네 번째 행을 읽을 땐 통곡했다. 다섯째 행을 읽었을 땐 산천초목이 부르르 떨었고, 마지막 행에 이르러서는 온 세상이 눈물로 해일을 이루었다. 그런데 기가 막힌 것은, 잠에서 깨어 그 시구를 아무리 생각해 내려 해도 떠오르지 않는 것이었다. 겨우 여섯 줄인데, 세상을 뒤집어 놓을 걸작인데, 내 생애 최고의 작품이 분명한데, 발표하기만 하면 노벨상쯤은 따 놓은 당상일 텐데, 그게 생각나지 않았다. 그게 슬퍼서 다시 잠 못 이루고 엉엉 울었다.

빠지다

  사고 후 방치해 둔 자전거 바퀴에서 바람이 모두 빠졌다. 두 달 만에 납작해졌다. 바람은 어디에서 와서 어디로 가나. 나도 모르는 어딘가, 살던 집으로 돌아갔을까. 우리 모두 없던 곳에서 와서 없는 곳으로 가겠지. 일전엔 나보다 훨씬 어린 조카가 이승을 빠져나갔다. 그를 태웠던 수레바퀴에 작은 에러가 났을 텐데, 난 몰랐다. 빠지고 나서야 그 자리가 납작해졌음을 알았다. 헤어 보면 우리 곁엔 납작해진 흔적이 숱하다. 어머니가 빠진 자리, 아버지가 빠진 자리, 그리고 내 상처를 훑어낸 흔적들. 겹겹이 쌓인, 두께도 무게도 없는 그것들이, 우리 생을 곧추세워주었을 것이고, 그러다 바람 빠지면 납작 주저앉았을 것이다. 빠진 곳은 저절로 채워진다지만, 사실 그건 내가 어찌할 수 없는 일. 누구는 노름에 빠지고 누구는 연애에 빠지는데, 빠지고 나면 그 자리는 낯선 것이 된다. 처음처럼 되지 않는다. 요즘 나는 몸무게가 빠진다. 나도 납작해지고 있다.

괜찮다

 봄눈 뒤집어쓴 나뭇가지를 흔들자 겨울잠을 깬 작은 눈망울이 드러난다. 나도 동그랗게 눈을 뜨고 나무의 촉과 눈을 마주친다. 우리는 눈으로 하나가 된다. 눈의 세계는 무언가 반짝이는 것들로 가득하다. 외계에서 날아온 파장과 오래 충전된 텔레파시가 스파크를 일으키는 것 같다. 아니어도 괜찮다. 먼저 누가 기다렸을까, 그 송신과 수신이 사이를 떨게 만든다. 타박타박 걸어오던 시간이 멈칫멈칫 걸음을 늦추고, 팽팽히 부푼 공간은 더 탱탱해질 것이다. 일기예보에 의하면 남수단엔 비가, 우크라이나엔 봄눈 내릴 거라고 한다. 그러면 우리 밭 대추나무도 연초록 혀를 쏙 내밀 것이다. 아니어도 정말 괜찮다. 내 의지 밖에서 지구는 돌고, 눈은 눈으로 스밀 것이다. 아프다는 말도 잘 자랄 것이다.

포개어진 세계에서

 손 닿는 곳마다 책을 늘어놓고 동시에 여러 권을 읽곤 한다. 지금 방바닥에는 베개로 써도 좋을 만큼 두꺼운 사진 이론서와 한시 선집이 있고, 의자 옆에는 소설 두 권이 나란히 포개어져 있다. 학교에서 아이들에게 들려줄 얘깃거리 가벼운 책과, 늦은 밤 읽기 위한 좀 무거운 책도 대기 중이다. 책을 섞어 읽다 보면 새로운 책이 생겨나곤 한다. 어제 읽던 『풍아송』과 『바다의 선물』을 방금 들추니, 주인공이 바뀌어 있다. 양커가 나치 치하의 프랑스에 가서 시경을 연구하고, 베르너폰이 정신병원에서 탈출한 뒤 고향으로 돌아가 침묵하고 있다. 『거짓말의 탄생』과 『평범한 인생』을 펼치니, 여긴 더 꼬여 있다. 정한용이 철도역에서 깃발을 흔든다, "아, 지겨워," 무단이석하는 사이 사고가 나고, 원래 복무하던 철도공무원은 보르헤스가 보냈다는 편지를 읽으며, "개새끼들!," 술주정하고 있다. 말도 안 돼, 하시겠지만, 원래 인생이란 뒤죽박죽 비빔밥 같은 것. 나는 조심 두 손으로 네 권의 책갈피를 넘겼다.

산수유 꽃그늘 아래

해마다 이즈음 이천 산수유마을을 찾아가곤 하는데, 장담컨대 어제 본 꽃이 내 평생 가장 풍성하고 예뻤다. 온 마을이 샛노랗게 물들어 있었다. 골목길 따라 병아리 같은 유치원 아이들이 손에 손잡고 재잘재잘 소풍 온 것도 보였다. 세상에 이런 야릇한 아름다움이라니! 늙은 나는 꽃그늘 아래 앉아 꽃잎의 숫자를 세어보는 것으로, 그 아름다움에 나름의 예우를 표하려 애썼다. 중간에 몇 번 놓치긴 했지만 두 시간 동안 센 결과, 산수유 꽃잎은 모두 팔십억 개 남짓이었다. 오차범위는 열 손가락 안쪽이리라. 한 시간쯤 다시 앉아 궁구 끝에, 드디어, 나는 이 꽃이 지구에 사는 모든 사람의 영혼이 파동을 일으켜, 한 개씩 등불을 켠 것이라는 결론에 이르렀다. 여기에 여름이면 홍등보다 더 붉은 열매가 조잘조잘 맺힐 것이다. 팔십억 개의 소망이 걸릴 것이다. 그러므로 모두 하나씩 공평하게 나누어 따가셔도 될 것이다. 그러면 세상이 둥글고 환해질 것이다. 조금 더 따스해질 것이다.

가지가 찢어지다

 첫눈으로 폭설이 쏟아졌다. 기상관측 이래 이런 눈은 처음이라고, 그것도 물기를 머금어 잔뜩 무거워진 습설(濕雪)이라고. 소동이 일고 며칠 뒤, 뒷산 산책길에 가보니, 정말 난리도 아니었다. 소나무 가지가 찢어져 길을 막고 있다. 아름드리 줄기가 칼로 벤 듯 쫙 갈라져 있다. 무게를 버티지 못한 가지들이 힘없이 뚝뚝 끊어져 있다. 전쟁터의 상이군인 같다. 숲은 여전히 적막한데 어디선가 우지끈 부러지는 소리와, 공기는 여전히 찬데 어디선가 매캐한 포연이 불어오는 듯하다. 길을 막은 아름들이 둥치를 내 힘으로는 도저히 어쩔 수가 없었다. 잔가지 몇 개만 길옆으로 옮겼다. 겨우 몇 개 치웠을 뿐인데, 장갑에 온통 송진이 달라붙었다. 닦아내려 애쓸수록 송진은 더 넓게 장갑에 퍼졌다. 소나무는 아직 할 일이 남았다는 듯, 자신의 체액을 짜내 내 손바닥에 메시지를 적어 내려갔다. 살아온 내력을 푸념처럼 털어놓고 있었다. 내가 수백 번도 넘게 이 산책길을 걸었던 것도, 그는 알고 있었다. 한 청년이 넘어지기도 했고, 한 노인이 쓸쓸하게 지나갔다 다시 돌아오지 않은 일도 있었다고 했다.

어둑한 저녁에 한 커플이 몰래 키스를 한 일도 있었고, 강아지와 고양이가 서로 물어뜯은 일도 있다고 적었다. 그런 사소한 일들이 길을 만들며, 길이 결국 사람을 지나가게 만들었다고 무덤덤하게 말했다. 내 장갑에 적힌 나무의 내력이 오래 지워지지 않았다.

우린 모두 어딘가에서 왔다

 잘 기억하지 못하시겠지만, 우리는 모두 어딘가에서 왔다. 예컨대 눈만 내리는 북극에서 맨몸으로 온 사람도 있고, 오로라가 유난히 휘날리던 밤에, 기억은 묻어둔 채 여기 온 이도 있다. 혹은 더 멀리 북극성에서 유성을 타고 훌쩍 단숨에, 전생을 불살라버리고, 날것인 채 온 이도 있다. 혹은 천 년에 한 번쯤 불이 켜지는 틈을 타서, 빛의 세계로 온 손님도 있다. 미몽이거나 환몽이거나, 사라진 것은 사라진 것, 미지는 버려두고 무목적을 살피기 위해 이곳으로 온 사람들. 그러니 우리는 모두 머잖아 돌아가야 한다. 왔던 곳으로, 길을 알지 못해도, 예정된 것이 아니어도. 그 길은 저절로 활짝 열려 우리를 안내할 것이다. 한순간에 겁을 건너, 왔던 곳으로 돌아갈 것이다. 하지만, 걱정하지 말 일이다. 가서도 우리는 또 한참을 소식 없이 살다가, 모든 것이 잊힐 만하면, 다시 만나게 될 터. 그 길이 지금 우리가 걸어가는 길이든 아니든, 그런 것은 아무런 원인도 결과도 아니다. 간혹 배가 고프면 밥을 먹고, 목마르면 물을 마실 뿐. 그저 우는 사람과 웃음을 감춘 사람들의 하루하루가, 아스팔

트처럼 단단하게 굳어 있고, 아픔도 잘 마를 것이다. 어디에도 기적은 없다.

돌아가고 싶은, 돌아갈 수 없는

 어느 가난한 나라에 사는 사람들에겐 빛은 없고 빚만 있다고 한다. 내일이라는 방에는 오래전부터 전등이 켜지지 않는다. 오늘의 끄트머리에 배치된 방문에 벌써 어둠이 배어들고 있다. 문을 열고 내일로 가려면, 문지방에 걸려 넘어지지 않으려면, 앞사람의 옷자락을 잡고 잘 따라가야 한다. 내 옷자락엔 누군가 가난한 또 다른 사람이 매달려 있다. 가난이 가난의 꼬리를 잡고 있다. 앞으로 가면서도 옆으로 가는 것인지 뒤로 가는 것인지 알지 못한다. 그래서 하루를 건너 닿은 곳이 종종 어제가 된다. 앞으로 가려다 자꾸 뒤로 가는 일이 많다 보니, 그 나라의 노인들은 자주 어린이가 되곤 하는데, 정작 젊은이들은 늙은 어린이와 섞이는 걸 거부한다고 한다. 레트로액티브*처럼 과거로 돌아간 미래는 빛이 없어 창백하기도 하고, 빚이 많아 납작납작 얇아지기도 한다. '우리는 누구인가' 같은 둥근 질문도 여기에선 모두 찌그러진다.

---

* 레트로액티브 (Retroactive): 1998년 개봉된 미국 영화 제목. 반복해 짧은 과거로 돌아가 파국적 상황을 원래대로 되돌리려 애쓰는 상황을 설정함.

'정의는 살아있는가' 같은 둥근 요청은 기피 과목이어서 폐강이 된 지 오래라 한다. 그래서 밥그릇도 세모나 네모, 심하게는 무한각형이고, 이런 환경에 적응해 온 탓인지 이 사람들은 세모나 네모, 심지어는 무한각형의 심장을 갖고 있다고 한다. 모두 그럴듯한 낭설이다.

둥글게 둥글게

아침에 먹는 포도도 둥글고 사과도 둥글고, 점심에 먹는 밥공기도 둥글고 접시도 둥글고, 저녁에 먹는 베이글 빵도 둥글고 비타민 알약도 둥글고, 베란다 밖 비둘기가 낳아 놓은 알도 둥글고, 이백 개가 넘는 다육이 화분도 둥글고, 하늘에 떠 있는 구름도 오늘은 둥글둥글하고, 어깨에 난 상처도 둥글고, 어제 들은 바흐의 하프시코드 협주곡도 둥글고, 심지어 밤늦게 타고 온 지하철도 둥글고, 세상 사람 모두 둥글둥글, 둥근 입에서 나온 말도 둥글고, 하루 만 보씩 걷는 발걸음도 둥글고, 시계도 둥글고 별빛도 둥글고… 일전에 토왕성 궤도에 둥근 테가 있다는 게 새로 밝혀졌다고 난리지만, 난 이미 알고 있었다. 둥근 우주는 둥근 알을 품었다가 세상이 조금 거칠다 싶으면 하나씩 꺼내 놓기 때문이다. 우리 눈과 귀와 심장이 둥글게 진화한 것에는 다 섭리가 있다. 오래오래 둥근 세상에서 살아왔으니, 오늘은, 당신과 나, 빙글빙글 돌아가며 춤이나 추자, 내일까지, 모레까지, 둥글게 둥글게 손뼉을 치면서.[*]

---

[*] 동요 '둥글게 둥글게' 참조.

안녕, 미자르

엊그제 밤엔 북두칠성을 보았다. 아시는 분은 아시겠지만, 국자 손잡이 끝에서 두 번째 별 이름은 '미자르.' 그런데 맨눈으로 구별이 어렵겠지만, 바로 옆에 '알코르'라는 작은 별이 하나 더 붙어 있다. 미자르까지 78광년, 거기서 뒤로 3광년 더 가면 된다. 눈이 맑은 분, 가슴에 근심이 없는 분, 걱정이 있어도 잠시 내려놓고 여유를 즐길 줄 아는 분이라면 능히 그 작은 별을 볼 수 있다고 한다. 그러니까 북두칠성의 별은 모두 여덟 개인 셈.

엊그제 밤에 그 여덟 개의 별을 모두 보고 나서 버킷리스트가 하나 늘었다. 내년 여행 목적지를 결정했다. 미자르! 대략 80광년쯤 걸린다니 약간 지루한 여정이 될 터, 아이패드에 넷플릭스 영화도 몇 편 받아놓고, 평소에 손도 안 대는 라면도 몇 박스 챙길까 한다. 간 김에 가능하면 나머지 별들, '두베'에서 '알카이드'까지 들렀다 오려고 하니, 혹시 거기에 친구를 두신 분들은 안부를 전해드리겠다. 지구는 아직은 괜찮다고, 말씀 전하겠다.

소리가 소리를 두드린다

 스프링처럼 소리들이 튀어나온다. 둥글게 휘어지던 현악기 음이 여러 갈래로 흩어졌다 타악기 소리를 만나 다시 한 묶음으로 모인다. 소리는 저마다 침전물을 갖고 있다. 강물이나 폭포 같은 격류를 만나야 비로소 떠오르는 것들이다. 무겁고 탁한 것을 가볍고 경쾌한 소리가 휘젓는다. 아래 깔려 있던 소리가 무게를 이기지 못해 폭발하면 마침내 소리는 소리를 두드리기 시작한다. 오, 죽음을 편하게 해주소서. 사자의 입에 떨어지지 않게, 유황불에 빠지지 않게, 마지막 심판의 날에, 시련에 들지 않게 해주소서. 당신의 품 안에 받아 주소서. 두꺼웠던 소리가 여러 번의 두드림으로 마침내 반질반질해졌을 때, 합창단이, 사람의 목소리가 울퉁불퉁한 표면을 다듬는다. 뾰족뾰족 거칠던 파형이 물렁물렁해지고, 시간의 뚜껑이 천천히 닫힌다. 고대 극장* 무너진 담장 위

---

* 그리스 아테네의 아크로폴리스에 있는 '헤로데스 아티쿠스 극장(Odeon of Herodes Atticus)'. 지어진 지 2,200년 된 이 고대 극장에서 2023년 6월 29일 밤에 아테네 주립 오케스트라가 연주하는 베르디의 〈레퀴엠〉 공연이 있었다.

에 앉아서 넋을 놓고 감상하던 달도 이윽고 자리를 턴다. 수만 번 들락거린 VIP 회원답다. 이렇게 우리는 모두 죽음을 향해 한 걸음 더 다가가게 되었다.

시간 저장소

서랍을 정리하다 오래된 계산기를 발견했다. 광전지가 붙어 있는 낡은 카시오 제품. 뜻밖에 발굴된 고대 유물 같다. 컴퓨터 쓰기 시작하며 버린 것. 십여 년 잘 써먹다 처박아두고, 다시 십 년 세월이 흘렀다. 멈춘 시간을 그는 어떻게 견뎠을까. 버튼을 누르니 놀랍게도 숫자가 찍힌다. 2025-1958=67. 계산도 정확하다. 명징하게 묵언의 신호를 보낸다. 너 자신을 알라고. 그래, 나는 불온한 주인이었다. 매정했다. 쓸모없다고 얼마나 많은 인연을 잘랐나. 얼마나 자주 샛길로 샜나. 내가 버린 시간이 한군데 모여 웅성거리는 소리가 들린다. 좆같은 새끼, 뭐 잘 났다고, 폭삭 늙어가는 주제에. 육두문자가 서랍 안에 한가득 쌓여 있다. 어디 두고 보자고 단단히 벼르고 있다. 황급히 나는 계산기를 제자리에 돌려놓고 문을 닫는다. 이십 년 후 우리 다시 만나자고, 혼자 중얼거린다. 내가 여전히 나일 수 있을지 장담하지는 못해도, 그땐 우리의 시간이 잘 익어 물렁물렁해져 있기를.

시간의 얼굴

 땅을 파자 시간이 나왔다. 꾹꾹 눌려 있던 4,000년이 불쑥 튀어나왔다. 어제 잠들었다 오늘 아침 알람 소리에 잠이 깬 사람처럼 생생하다. 기지개를 켜니 쭉 늘어난다. 이쪽 끝에서 저쪽 끝까지 꽤 길다. 정확히 재려면 4,000년은 족히 걸릴 듯하다. 얼굴이 약간 야위어 있다. 흙이 묻은 건 털어내면 되겠지만, 가장자리가 깨지고 목이 부러진 건 아무래도 수선해야 할 것 같다. 시간도 시간의 시련 앞에서는 어쩔 수 없나 보다. 고백하거니와, 모든 사람은, 모든 사랑은 이런 식이다. 겉은 멀쩡해 보여도, 안으로는 상처받고 금이 가고 결국 망가진다. 어긋난 부분은 이어 맞추고, 어디로 흩어졌는지 찾지 못한 부분은 적당히 짜 넣는다. 그리고 박물관에 전시한다. 유리 상자에 넣지 않으면 좋겠어요, 유언에 따라 맨 얼굴을 그대로 보여준다. 상처도 이 순간만큼은 생생하다. 그럼 된 것이다. 내가 죽은 뒤에 시간은 또 4,000년 흐를 것이고, 또 부서질 것이고, 또 복원될 것이다. 그럼 된 것이다.

시간에는 빈틈이 없다

 며칠 전까지 꽃잎 날리던 나뭇가지에 지금은 연두 잎사귀가 꽂혀 있다. 향기 머물던 자리엔 누군가 서성인 발자국이 얼룩덜룩하다. 오래전 어머니가 상추 가꾸던 텃밭에 오늘은 내가 쑥갓을 심는다. 흙에 버려져 반쯤 파묻힌 플라스틱 통에서는 민들레가 피어났다. 숲으로 이어져 느릿느릿 산보하던 길에는 어느새 최신형 전기차가 다닌다. 묵은 원한으로 쏜 총알이 순간 멈춰, 노래가 되기도 하고 격렬한 호소가 되기도 한다. 어디에도 빈틈은 없다. 꿰맨 흔적조차 남기지 않는다. 어제의 갈피를 오늘이 뚫듯, 오늘의 간극은 내일의 에테르로 메꿔진다. 꽃 진 자리에 곧 새똥 같은 열매가 돋으니, 지워졌다 새겨지는 오랜 내력이 인류세가 지난 다음에도 계속될 것 같다. 그러니 지금 헐렁헐렁한 틈도 참을 만하고, 내가 곧 지워져도 괜찮다. 고개를 끄덕끄덕, 살래살래, 갸우뚱… 어쨌든, 다 좋다.

II

희망이라는 절망

 희망이 싸졌다. 십여 년 전부터 공급이 넘치기 시작하더니 가격이 폭락했다. 백화점 명품코너에서 VIP 고객에게만 밀거래하듯 판 적도 있었는데, 이젠 동네 마트에서도 쉽게 구할 수 있다고 했다. 들리는 말로는 희망을 생산하던 지식 엘리트들의 담합이 깨졌기 때문이라고도 하고, 방송에 나와 떠드는 자칭 전문가에 의하면 원래 효과가 미미한 것이었는데 드디어 소비자들에게 그 정체가 들통났기 때문이라고도 했다. 우리처럼 평생 희망이란 걸 사본 적 없는 보통 사람들이야 값이 오르든 내리든 상관이 없지만, 나는 어제 황당하기 그지없는 일을 겪었다. 그리스 여행을 다녀온 소평 씨가 선물이라고 준 상자를 열어보니, 거기에 상한 희망이 한 봉지 들어 있었다. 아마도 유효기간이 지났거나, 비행기로 오는 도중 탈이 난 듯했다. 준 이도 몰랐지 싶다. 속이 무르고 색깔이 변했는데, 우리나라 썩은 희망과 비슷해 보였다. 그냥 버려야 하나, 준 이를 생각해 잠시라도 보관해야 하나, 걱정으로 잠이 오지 않았다. 희망이 조금씩 조금씩 절망으로 변질돼 갔다. 세상 썩는 냄새가 고약했다.

까치집

 달포 전 아내가 처음 알을 낳았시유. 새 봄이니께유. 두 내외가 번갈아 스무날 살폈드니 무사히 새끼 나왔지유. 그럼유, 안 이쁜 새깽이가 있간디유. 쬐꼬만 게 으찌나 입이 큰지, 왼종일 벌레 잡아 오는 게 여간 된 게 아니던 거든유. 막내는 지 차례가 와도 형들한테 다 뺏겨 몸이 부실했는데, 큰 놈에게 그러면 안 된다, 단단히 일러도 소용 읎서라우. 태어나 한 달 되어야 날개에 제법 힘이 들어가길래, 분가시키기로 했시유. 우리 집은 참나무 꼭대기인데, 건너편 오리나무 좋은 데, 봐 둔 데가 있잖유. 구청에 가서 신축공사 신고를 할랬더니, 축하헌다고, 그런 거 안 해도 된다고, 애들이나 잘 건사허시라고 허데유.

 요새 듣자니 저 아래 원숭이네 동네는 아파트값이 천정부지로 치솟는다든디, 뭔 날린 줄 모르것시유. 거겐 가족 수보다 집이 훨 많다든디! 모다 한 채씩만 차지하면 될 거인디, 참말로 희한허네유. 하모 새파란 아가들까정 지 사는 델 '헬조선'이라고 부른다니, 기가 멕히네유. 청년들은 돈 벌어 집 못 산다고, 몽땅 복권이나 주식으로, 요즘은 코인으로 나댕긴다고 그러데유. 우리 동넨 아즉 널널헌디, 같이 살아두 될 거인디, 오라믄 올까 몰러. 요 앞 까치복덕방 영감도 나서서 도와줄 거인디. 나두 솔가지나 참나무 삭정이 물어오는데 손이라도 보탤 틴디. 그나저나 오늘은 우리 아덜네 집 짓느라 좀 바쁠 것 같아유.

이후의 빚

 고향에 계신 어무이, 용서해주세요. 마음 굳게 먹고 아이들과 잘 살라고 신신당부하셨는데, 시방 제가 먼저 가야 할 것 같아요. 자주 찾아뵙지 못해 죄송해요. 엄마라도 식사 잘하시고, 보건소에도 꼭꼭 다니시고, 혈압약도 잘 챙겨 드세요.

 장인어른 장모님이요, 처와 어떻게든 살아보려고 온갖 지랄 해봤는데, 구멍가게 말아먹고, 사채 빌린 것이 화근이 되었어요. 손에 물 한 방울 묻히지 않게 해주겠노라, 약속했던 걸 못 지키고, 이제 떠납니다. 애기 엄마도 제 말에 동의해 주었어요. 하긴 동의가 무슨 소용이 간디요. 어제도 깡패 새끼들이 집에 쳐들어와 다 때려부쉈거든요. 애들은 놀라서 엉엉 울고, 정말로 미쳐버리겠더만요. 이제 우린 갑니다.

 세상 사람들아, 여기가 바닥인 줄 알았더니, 아직도 더 내려가 땅속에 묻혀야, 그래야 진짜 사는 것 아닌가 싶소이다. 그러니 우릴 욕하지 마소. 애들한테 미안한데, 즈그들끼리, 그 어린 것이 우찌 살아가것소. 책임질 거 아니면, 그냥 우리 맘을 좀 알아주시오. 우리에게 내일은 없겠지만, 환한 하늘나라는 있을 것이요.

참, 주인댁 할무이, 그간 고마웠습니다. 석 달 치 월세 밀린 건 봉투에 넣어 놓았고요. 나머지 두 달 친 다음 세상에서 꼭 갚겠습니다. 죄송합니다. 날 미워하고 놀려먹던 개새끼들아, 느그들한테도 미안하다.

---

* 인천의 한 연립주택에서 일가족이 죽은 지 여러 날 만에 발견되었다. 실직한 40대 남편과 식당에서 일하던 아내와 초등학교에 다니던 두 아이였다. 외부에서 침입한 흔적은 없었고, 책상에는 먹다 남은 수면제와 유서가 놓여 있었다. 이 사건을 염두에 두긴 했지만, 이 시에서 쓴 이야기는 모두 필자가 꾸며낸 것이다.

선각여래를 만나 뵙고

 경주 남산 삼릉계곡을 오르다 선각여래를 만난다. 초입 소나무 숲으로부터 삼십여 분, 왼쪽 험한 등성이로 꺾어 들면, 산 중턱에 높이와 너비가 10m쯤 되는 절벽 바위가 있고, 여기 여래가 앉아 계신다. 원래 그랬는지 모르겠지만 좌대 바위가 갈라져 조금 아슬아슬해 보인다. 그건 내 생각이고, 여래께선 뭐가 좋으신지, 얼굴 가득 미소를 머금고 고요히 아래를 굽어보고 있다. 죄송한 말씀이지만, 호빵처럼 둥근 볼때기는 고향 불알친구 기영이네 아버지를 닮았다. 얼굴 뒤에 그려 넣은 둥근 광배는 우리 할아버지가 귀히 간수하시던 고릿적 갓 같다. 할아버지는 아흔에 돌아가셨는데, 여래께선 지금 천 살 잡수셨다고, 그런데 아직 기운이 성성하다고 자랑하신다. 그리 오래 사시면서 세상을 두루 살피셨으니 모르는 게 하나도 없으시겠네요?

 도저히 납득이 안 되어 여쭤보는데요. 내 귀가 이상한 걸까요? 자꾸 '날리면'이라고 우기는데, 할아버지 귀에도 그렇게 들리세요? 잘났다는 새끼들이 왜 그 지랄

발광일까요? 언론을 빨래 두드리듯 주무르는 놈들이 어째 '가난 포르노'도 모를까요? 그자들 머릿속이 포르노로 가득 차 있는 건 아닐까요? 아, 정말 열 받아서 그러는데요. 여래 할아버지, 갸새끼좀 어떻게 좀 해주세요. 물론, 부처도 예수도 마호메트도 산신령도, 뒷짐 짚고 아랫녘 인간사에 관심 끊으신 지 오래, 할아버지라고 뭐, 별수 없으시것지요? 아, 그리고요, 제가 자꾸 '새끼새끼'한다고, 말버릇 드럽다고 나무라진 마세요. 세상은 더 드럽거든요… 선각여래께선 눈 한번 마주치지 않고, 아무 답도 없으셨다. 헌데, 산을 내려올 때, 누군가 등 뒤에서 중얼거리는 소리를 들었다. 까불고 있네, 드러운 새끼가!

겨우 전부

 원룸 빌라에서 한 청년이 죽은 지 달포 만에 발견되었다. 오래 소식 끊긴 걸 고시 공부 때문에 바쁜지 알았다고 친구가 말한다. 고향에 노모 홀로 살고 있다는데 어찌 소식을 전하면 좋겠냐고 울먹인다. 그래도 알려야 하지 않겠느냐고 옆 친구가 하나 마나 한 답을 붙인다. 그들은 모두 늙은 청년, 막장에 함께 서서 죽음의 연대를 느낀 듯, 소주잔을 다시 채운다. 선술집 창밖으로 밤빗소리가 더 거세어진다. 이런 건 신문·방송에 나오지 않는다.

 지난 삼 년간 헬조선이라는 나라에서 거의 4만 명이 자살했다는 통계가 있다. 코리아 헤럴드가 제시하는 '데이터'는 '그들이 자기 자신을 죽였다'고 적고 있다. 어쩌면 이 데이터에 한 늙은 청년의 죽음은 살짝 빠졌을 수도 있다. 살짝 죽음의 데이터에서 빠져나와 다시 친구들이 앉아 있는 술집으로, 밤비를 맞으며, 옷깃에 빗물을 뚝뚝 흘리며 들어설 수도 있다. "나 드디어 취직했다, 임마, 오늘은 내가 쏜다!" 이럴 수도 있다. 물론 이런 건 언론에 나오지 않는다.

 겨우의 틈을 피해 우크라이나에선 수만 명이 죽고, 팔레스타인에서도 수십만이 죽었다. '겨우'가 '전부'인 나라에서의 죽음은 영웅담이나 잔혹동화로 각색되어 신문·방송에 거듭 중계된다. 그곳엔 밤비가 내리지 않는 걸까. 선술집이 없는 걸까. 함께 마셔줄 늙은 친구들이 없는 걸까. 그러니 안타깝게도 언론에 단골손님으로 등장하는 거겠지. 대포와 기관총 없이도 하루 30여 명씩 매일 전사하는 나라, 이 나라의 신문과 방송은 입에 지퍼를 채우고 있다.

붉은 숲

 "난 잘 몰러유. 그 난리 칠 적에 게우 열세 살이었응께. 원래 저 아랫말 살었는디, 일루 시집을 온 거여. 할아버지? 삼 년 전에 풍으루 돌아가셨어. 참 좋은 양반이었는데. 술은 많이 잡쉈두, 계집질은 안 혔어. 저쪽 건너편에 산소가 있어유. 예서도 보이잖유?"

 "얘긴 많이 들었지. 여기가 막골이잖어유. 쬐끔 더 올라가면 거개가 막골고갠디, 그건 옛날 얘기구, 지금은 질이 읎어졌슈. 거기서 사람 많이 죽었다지. 시집와서두, 첨엔 몰랐는디, 알음알음 얘기를 듣게 됐지. 영감탱이도 술 먹으면 술김에 얘기 허구. 많이 죽었지."

 "김흥태 나와라, 한밤중에 군인 경찰들이 들이닥쳤댜. 그런데 인공 때 부역했던 이들이 남아 있었것슈? 벌써 도망쳤지. 내려갔던 국군이 다시 올라오니께, 우익으로 기를 못 펴던 이들이 눈이 벌게졌지. 김흥태가 읎으니, 그 늙은 부모와 젖먹이 모녀를 끌고 갔어요. 저쪽 우리 영감 무덤쯤 될 기야."

"그때가 9월 하순이었으니 날이 쌀쌀했지. 여기가 화전민 열두어 채뿐인, 하늘 아래 첫 동네 아뉴. 옷이나 뭐 입혔것슈, 꼬챙이 꿰듯 끌고 간 거지. 아랫말부터 막골고개까정 한 십 리는 될 거유. 뭣하러 끌고 가느라 닦달을 혔나 몰러, 그냥 죽이지, 어차피 죽일 걸!"

"빨갱이라고 눈총 받은 옆집 식구까지 엮어서, 굴비 엮듯 엮어서 끌고 갔지. 고갯마루까진 한참 멀었구, 여기가 도랑도 깊고 나무도 우거졌응께, 여기서 죽인 기지. 작은 구덩이를 파고, 총으로 쐈다네. 총알이 아까운지, 나무 꼬챙이로 콱콱 쑤셨다네. 인간맹키로 잔인한 게 또 있을까 몰러."

"나두 들은 얘기니께, 저쪽 유봉리에서도 수십이 죽구, 원곡리에서도 수십이 죽구, 엄정면 다 치면 수백은 죽었을 규. 충주 제천까지 합치면 누가 알것슈. 선상님은 알어유? 다들 쉬쉬, 한평생 말도 못 허고 살었는디. 이런 걸 물어보는 슨상님이 오셨으니, 세상 참 좋아지긴 혔네유."

"담배밭이유, 저긴. 그 윗질일 거유. 세월이 그렇게 흘렀는데 무슨 흔적이 남았겟슈? 뼈 한 줌도 읎을규. 예전엔 산짐승 천지였는디, 다 읎어졌지. 혹시 흙이라도 한 줌 붉어졌을까, 나무가 눈물이래두 흘려, 붉은 숲이 되얏을까. 가을이면 단풍이 유난히 붉긴 혀유."

---

* 충청북도 충주시 엄정면. 해방공간부터 6·25 전쟁까지, 이 지역은 극심한 좌우 대립으로 고통을 겪었다. 신경림의 시로도 잘 알려진 목계리는 남한강 중류에 위치해 영월과 한양을 잇는 수로 유통의 중심지여서, 일제강점기에는 일본인도 많이 살고 대체로 부유했으며, 해방 후에는 친일파들이 세력을 유지하던 우익 지역이었다. 그와는 달리 유봉리, 원곡리, 가춘리 등 산간 지역은 강원도와 인접한 오지로, 주로 화전민들이 가난하게 살아가고 있었으며, 당시 이 지역 출신인 남로당 총책 김삼룡 등의 영향으로 좌익을 지지하던 지역이었다. 민간인 학살은 세 차례에 걸쳐 자행되었다. 1차는 소위 '보도연맹'에 등록된 좌익을, 전쟁이 일어나자 바로 군경이 즉결처분한 사건이었다. 충주·제천지역은 1950년 7월 5일경 헌병대 6사단에 의해 이루어졌으며, 모두 2,800여 명이 희생되었

을 것이라는 증언이 나와 있다. 2차는 1950년 7~9월 북한군 점령 아래에서 좌익이 우익에 보복한 일이다. 1차의 집단학살에는 미치지 못하지만, 역시 상당한 인명이 손상되었을 것으로 추정된다. 3차는 국군이 이 지역을 수복하면서, 인공에 부역했다는 이유로 우익과 군경이 좌익을 살해한 사태이다. 이때는 대체로 좌익 주동자들이 월북하고 없는 상태에서 남은 가족들이 대살(代殺)되는 경우가 많았다는 것이 특징이다. 엄정면 일대에서만 수백 명이 학살되었을 것으로 추정된다. 위 진술은 필자가 유봉리 지역을 찾아가 우연히 만난 한 할머니와 나눈 대화를 기초로 썼다. 세 번째 학살 사건 중 하나에 얽힌 이야기로, 할머니의 목소리를 받아적듯 썼지만, 물론 모두 할머니의 진술은 아니다. 오히려 필자가 여러 증언과 기록을 참조한 것이 더 많으며, 일부는 상상을 덧붙였다.

서울의 밤

 밤 10시 30분이었다. 누군가는 늦은 전철을 타고 집에 가고 있었을 것이다. 한 잔 더 해, 누군가는 2차를 하려고 포장마차에 들어서고 있었을 것이다. 누군가는 아이 학원 보내는 일로 부부가 실랑이를 벌이고 있었을 것이다. 누군가는, 어무이 날이 차가워졌는디 몸조심 하이소, 전화를 막 끊었을 것이다. 누군가는 넷플릭스를 보다 고민시가 나오는 장면에서 소름이 돋고 있었을 것이다. 누군가는 한강의 『소년이 온다』 마지막 페이지를 넘기고 있었을 것이다. 누군가는 쿠팡에서 겨울 모자를 골라 '장바구니'에 담고 있었을 것이다. 누군가는, 세상에 물가가 너무 비싸, 투덜대며 무청을 삶아 시래기를 만들고 있었을 것이다. 누군가는 막 샤워를 끝내고 팬티를 갈아입고 있었을 것이다. 누군가는 늦게 귀가한 딸과 함께, 라면 끓일까 치킨 시킬까, 의논하고 있었을 것이다. 누군가는 천장에서 물이 새는 걸 어찌해야 할지 몰라 쩔쩔매고 있었을 것이다. 누군가는 인류가 멸종하면 어찌할지 걱정하고 있었을 것이다. 누군가는 일찍 잠들어, 꿈속에서 평화로이 평화로이 평화로

이… 바로 이 순간 계엄이 발표되었다. 모든 평화가 한순간에 날아갔다.

우리들의 밤을 위하여

 기흥역 6번 출구에서 만나자고 했다. 동지가 가까워진 저녁은 생각보다 일찍 저물었다. 무수히 많은 가로등과 차량의 불빛에도 불구하고 밤은 낯설었다. 나를 기다리는 사람인 줄 알고, 내가 늦었네요, 다시 보니 모르는 사람이었다. 그래도 우리는 오랜 동지처럼 그냥 웃었다. 여기에선 모두가 익숙한 아군이 될 수 있을 것 같았다. 불온한 밤이 내려오고 있으니까. 길 건너편에서 울리는 함성에 우리는 이미 감염되었으니까. 빛 사이사이에 낀 어둠은 조금 질기고 끌어당기면 쭉쭉 늘어날 것 같았다. 잘 드는 칼로 잘게 토막을 내서 안주로 곁들이고 싶었다. 그렇게 그냥 술집으로 향하면 딱 좋을 저녁이었다. 그러나 우리의 약속은 분노를 향해 열려 있고 다행히 출구는 그리 멀지 않았다. 누구는 희망이라고 섣불리 짚기도 했으나, 원래 희망은 절망의 모습을 먼저 보여주는 법, 태연한 척하기로 했다. 머잖아 밤이 지나가고 새벽이 오겠지만, 상처는 오래 지속될 것 같았다. 그래도 그깟 고통쯤이야, 누군가 다가오며 말했다. 어둠이 조금은 더 짙어질지도 모른다는, 깊이를 가늠하기 어려운 두려움이 살짝 왔다. 우리는 길을 건넜다. 그리고 공동의 적을 향해 외치기 시작했다.

키세스 키세스 키세스

 한남동 관저 앞에서 밤을 새운 성자들이 있다. 밤새 내린 눈으로 길이 얼고 하늘도 얼고 사람도 얼어붙었다. 한겨울 강추위와 눈보라를 피하는 대신 은박지를 뒤집어쓴 채 키세스*처럼 굳어진 모습이, 압록강을 건너다 강바닥에 주저앉은 독립군을 닮았다.

 많은 사람이 거친 말을 쏟아내지만, 이 대목에서 모든 게 무효가 된다. 키세스를 닮은 그들에겐 바람 소리가 '끼사스, 끼사스, 끼사스'** 환청이나 속삭임으로 들렸을 것 같다. 아마도, 아마도, 아마도, 절망은 사라질 거야. 아마도, 아마도, 아마도, 희망이 올 거야.

 길 잃은 정의는 어느 거리를 헤매고 있을까. 무사히

---

* 키세스: 원래는 작은 언덕 모양의 구운 머랭 과자. 허쉬 초콜릿의 한 종류로 더 유명하다.

** Quizas quizas quizas: 냇킹콜이 부른 멕시코 노래. 'quizas'는 '아마도'라는 뜻.

돌아올까. 내일의 아이들이 약속되지 않은 내일에 약속처럼 도착할 수 있을까. 어제 굳게 잠긴 문이 오늘 아침엔 활짝 열릴까. 흐릿했던 선과 악의 경계가 맑아지고, 단호하게 금 그어질까. 끼사스, 키세스, 아마도!

눈게야, 너 어디 갔니?

 뉴스를 뒤적이다 깜짝 놀란다. 알래스카에서 눈게[*]가 사라졌다! 요즘 기막힌 일이 얼마나 많은데, 이게 뭐 대수라고! 코웃음 치는 이도 있겠다. 하지만 나는 이 사건을 지구가 티핑포인트를 넘는 순간, 그래서 지옥문이 끼기긱~ 열리는 경고로 읽는다. 베링해에 수만 년 동안 터를 잡고 살던 눈게 110억 마리가 게눈 감추듯 사라졌다니! 그 많던 눈게를 누가 다 먹어 치웠을까.^{**} 이 미스터리를 풀려고 많은 사람이 오만가지 추측을 내놓고 있다는데, 아직은 기후변화로 바닷물이 뜨거워졌다는 가설이 가장 그럴듯하다고 한다. 정확한 원인은 하나님도 모르시겠지만, 내가 단언할 수 있는 게 하나 있다. 게가 사라졌으니, 다음엔 동태도, 임연수어도, 정어리도, 오징어도, 고래도 사라진다는 것. 우리가 죄책감을 느낄 사이도 없이, 사라지는 것들은 우리에게 양해를 구하지 않는다. 조용히 가서 다시는 돌아오지 않는다. 그러니, 북

---

* 알래스카 특산물 중 하나인 '스노우 크랩(Snow Crab)'.

**『그 많던 싱아는 누가 다 먹었을까』를 연상하지 말 것.

극곰도, 악어도, 호랑이도, 코끼리도, 호모사피엔스도,
날리면***도, 코로나바이러스도, 푸틀러****도, 일각수도…
모두, 끝내, 사라질 것이다. 그러니, 미리, 안녕!

*** 미국 제46대 대통령을 지칭하는 출처불명의 용어.

**** 히틀러를 닮은 어느 소련 독재자를 가리키는 별명.

우리는 사람이 아니다

  이곳 데이르 알 바라에는 종말이 온 것 같아요. 가자 시티에서 겨우 빠져나와 이곳에 오기 전에 아내와 아이를 잃었어요. 뒤에 있던 큰 애가 따라오지 않길래 찾으러 갔다가 변을 당했지요. 스무 명은 죽었을 것 같고, 시신이 엉켜 수습도 제대로 하지 못했어요. 눈물이 안 나느냐고요? 이미 그건 다 말라붙어, 가슴에 한 방울의 물도 남은 게 없어요. 또 남아 있다 한들, 먼지만 날리는 이 땅을 적실 수가 있을까요? 오히려 피로 씻는 게 낫겠지요. 다행히 작은 애는 죽지 않고 내 곁에 남았네요. 이제 어디로 가죠? 우린 사람이 아닌 것 같아요. 죽어가는 두 마리 짐승이죠. 큰 짐승 하나, 새끼 짐승 하나. 알라도 우리를 버린 것 같아요. 아니, 알라만이 이 전쟁과 고통의 의미를 아시겠죠. 그게 다 무슨 소용. 세상의 끝에 서서 더 갈 곳이 없어요. 한 발짝도 움직일 수가 없어요. 평화는 이제 영원히 오지 않을지도 모르죠. 휴전한다는 소문이 돌던데, 그건 우리완 상관없는 일. 우린 이곳에 남아 지옥의 땅바닥을 기어다니며 살겠지요. 저들의 신은 저들의 죄를 용서했을까요? 나는 그게 가장 궁금해요.

무지개 너머로

 교회 앞길로 안내선이 그어져 있다. 200m쯤. 추적추적 내리는 비로 하늘은 어두운데, 아니 그래서, 무지개색 안내선이 더 선명해 보인다.* 모두 이 무지개를 따라 교회로 오세요. 멀리서 보면 무지갯길은, 길 끝에서 끝나지 않고, 교회 벽을 타고 올라, 십자가 첨탑을 지나, 하늘로 이어지는 것 같다. 모두 무지개의 등에 얹혀 하늘로 가세요. 천국이 멀지 않으니, 천국이 당신의 것이니, 이미 천국의 품에 안긴 것이니! 두 남자가 손을 잡고 간다. 두 여자가 어깨동무를 하고 간다. 무지개는 이곳과 저곳을, 편견과 오해를, 밝음과 어두움을, 장애와 비장애를, 조립과 해체를, 생명과 물질을 이어주는 다리가 된다. 정말? 아니야, 우리는 잘못 태어난 게 아니야. 고통과 상처를 씻어주고 치료해주는, 그럴 거라고 믿는, 무지개 행렬이 레이캬비크를 지나 암스테르담을 지나, 조용히 고함을 지르며, 지금은 대기권을 지나가고 있다.

---

* 아이슬란드 세이디스피아르두르(Seydisfjardur) 마을 풍경을 염두에 두고 썼지만, 여기가 아니어도 아이슬란드에서는 흔히 볼 수 있는 장면이다.

어쩌면 신이 있는 거 같기도 하다

　멕시코 타라우마라 계곡 산 중턱. 초로의 사내가 혼자 중얼거리며 길바닥 오 미터쯤 두 지점을 오가고 있다. 한쪽 옆에 허술하게 생긴 허수아비를 세워 놓았고, 손에도 그 비슷한 제웅[體俑]을 들고 있다. 수없이 오간 바닥은 돌과 흙이 벗겨져 하얗게 패였다. 타이어를 잘라 만든 슬리퍼가 닳고 슬어 꺾이고 접혔다. 마른 대지의 흰 먼지가 발등에서 무릎까지 달라붙었다. 마치 속살을 훑듯 한 줄기 흘러내린 흔적이 있지만, 무엇이 그랬는지는 불분명했다. 이마에 굵게 팬 주름 사이로 땀방울이 흐르다, 고지의 쌀쌀한 산바람에 잠시 멈칫했다. 걷는 것도 아니고 뛰는 것도 아닌, 잰걸음 비슷한 사내의 엉거주춤을 오로지 바람만이 바라보고 있다. 횟수를 세고 있을까, 세다세다 잊었을까, 아마 까마득해지지 않았을까. 아침 해 뜰 때부터 저녁 해 가라앉을 때까지 사내는 열 시간을 그렇게 춤추고 있다. 아니, 사내의 웅얼거리는 목소리가 기도인지 푸념인지 원망인지 축복인지는, 오로지 죽은 염소만이 알아듣는다. 울림이 흰 안개가 되어 산등성이를 미끄러져 내려가 천 길 아래 골짜기를 차

곡차곡 채운다. 아랫마을에선 축제가 한창이다. 낮에는 붉은 깃발을 올리고, 밤에는 죽은 자들을 위해 국을 끓인다. 산 사람들도 한 해에 한 번 고깃국을 나눠 먹는다. 숲에서 죽은 염소가 밤새 운다.

좀비들

 벨라루스 플루트 연주자이자 정치운동가 마리야 칼베스니카바는 루카센코 대통령 선거에 맞서 시위를 벌인 죄로 징역 11년을 선고받았다. 국외로 추방되던 중 국경선 근처 호송차에서 탈출하여 조국의 감옥으로 다시 걸어 들어갔다.

 사우디아라비아 피트니스 인프루언서 마나헬 알 오타이비는 헬스복 착용 사진을 SNS에 올린 죄로 체포되어, 가혹한 학대와 고문에 시달리고 있다. 여성은 아바야로 몸을 가려야 한다는 율법을 어기고 몸매를 드러냈다는 게 죄목이었다.

 앙골라 가수이자 틱톡커 네스 나하라는 대통령을 비판하는 틱톡 라이브를 올렸다 체포되어 약식재판에서 징역 6개월, 정식재판에서 형량이 늘어 2년 형을 선고받았다. HIV 양성임을 당당히 밝혔던 그녀의 삶이 하루아침에 망가졌다.

이집트 학생 오크바 하샤드는 형 아므르 하샤드가 인권운동가라는 이유만으로 기숙사에서 체포되어 5년째 구금 중이다. 어릴 때 당한 사고로 의족을 착용하는 그는 의료 서비스도 제대로 못 받은 채 잦은 고문에 시달리고 있다.

튀르키예 유명한 의사이자 법의학자 세브넴 코루르 핀칸시는 고문에 반대한다는 메시지를 끊임없이 내왔는데, 정부의 쿠르드족 학살과 화학무기 사용 중단 청원에 서명한 사건을 계기로 구금되어 징역 2년 8개월을 선고받았다.

이런 일에 무덤덤하다면, 우리는 이미 좀비이거나 공범이다.

III

툭, 잎이 지고

 아침에 일어나 베란다를 보니, 화분의 붉은 잎 하나, 툭, 떨어져 있다. 툭, 소리가 밤새 소리 없이 방바닥을 기어, 내 잠결로 살며시 끼어든 듯도 하였다. 툭,이 들춰 놓은 내 잠은 조금 거칠어졌는지, 온몸이 무겁게 가라앉아 있다. 아니나 다를까, 카톡에 두 건의 부고가 떴다. 어디에선가 하나의 생이 접히고, 또 어딘가에서 여전히 전쟁이 계속된다. 툭, 툭, 지는 목숨들이, 우리 사이를 모른 체 지나가고 있다. 잎은 천 개의 바람과 만 개의 햇살로 이루어진 견고한 틀이었다. 결코 어떤 권위로도 억압하거나 부정할 수 없는 존재였다. 저절로 일어나 살아 있음을 증명하던 적층 구조였다. 그런데, 내 잠결을 흔들고, 툭, 아침에 슬픔을 한 그릇 엎질러 놓았다. 내 손이 닿지 않으니 그저 어둡다 여긴 영역이 있었던 것이다. 나는 당신 편이라고, 쓸모없이 덧붙인 말이, 바랜다. 허망하게, 툭, 떨어지는 것은 아무런 변명도 하지 않는다. 오로지, 툭,이라는 무성음만 물방울처럼 맺혀 있다.

예순네 개의 손

 걸을 때마다 덜렁덜렁 흔들리는 손, '방아쇠수지'라는 고통을 기꺼이 받아들인 손, 이거 수술해야 해요, 의사의 말에도 놀라지 않는 손, 기특한 손, 새벽이 새빛이가 아기였을 때, 똥을 싸면 엉덩이 톡톡 두들기며 닦아주던 손, 손톱 틈에 노란 똥이 묻으면, 앗, 더러워, 그러면서 행복해하던 손, 온종일 자판을 두들기다 시큰거리면, 오늘도 열심히 살았군, 은근히 자부심이 솟게 하던 손, 자부심이 때로는 좌절이 되어, 전봇대를 붙잡고, 목구멍에 손가락을 집어넣고 토하게 하던 손, 세상은 똥이거나 돈이거나, 헷갈려 손가락을 꼽아보던 손, 주판알을 튕길 때마다 자꾸 엉뚱한 걸 건드려 틀린 답을 만들어내던 손, 몇 번을 맞춰봐도 틀린 답만 내보내던 손, 짜증 나서 전표를 북북 찢던 손, 자기야, 나 좀 위로해줘, 애인의 젖꼭지를 비틀던 손, 온몸을 젖게 만들던 손, 젖은 손이 애처롭지 않아, 늘 젖어 있던 손, 나는 잘살고 있는지, 아무리 물어봐도 대답을 해주지 않던 손, 손에 그런 걸 물어보다니, 당신 미쳤어, 아니, 그럴 수도 있는 거 아냐, 싸워봤자 맨날 나만 손해 보던 손, 이래 봬도 이

몸이 장손인데 말이야, 한 번도 아버지 따뜻한 손을 잡아본 적이 없는 손, 그래서 어두운 밤에 철길을 걸으며 엄마 손만 잡았던 손, 평생 그림도 그리고 글도 썼는데, 다시 보니 텅 빈손, 내 손이 아닌 것 같은 손, 그래서 말인데, 말이야, 말인지 망아지인지 구별 못 하는 손, 예순네 해를 썼는데 닳지도 않네, 독한 손, 내게도 자자손손이 있을까, 궁금한, 아픈, 그런데 아프면 안 되는, 손, 자꾸만.

꾀꼬리

— 아들 결혼을 앞두고

아침부터 숲에서 꾀꼬리가 운다. 늦봄에서 여름 사이에 우리 집에 찾아오는 철새. 나뭇잎의 초록과 대비되는 노란색이어서, 멀리서도 눈에 확 띈다. 줄기차게 운다. 목청이 쉬지도 않는지, 날계란을 서너 개씩 드시는지, 힘이 넘쳐나는지, 잠시라도 멈추면 큰일이라도 나는 듯, 운다. 좋은 음악도 계속 들으면 질릴 텐데, 이 새소리는 몇 시간을 들어도 좋다. 귀가 맑고 가벼워진다.

즐거운 일이 별로 없는 요즘, 새가 내 빈자리를 채워준다. 나는 일전부터 이 소리를 모아 햇살에 말리고 있다. 잘 쟁여두었다가, 꾀꼬리가 떠난 후, 꼬들꼬들 마른 걸 따뜻한 물에 넣으면, 금세 풀리며 새소리가 날 것이다. 노란 소리가 날 것이다. 오늘 큰 애와 점심을 먹기로 했는데, 한 봉지 싸서 아들에게 주려 한다. 조금 걱정이다, 신세대 며늘아기가 이런 선물 내켜 할지…

머리카락이 뭐라카는지

휴대용 진공청소기로 차를 청소하는데 웬일인지 자꾸 멈춘다. 밤새 충전기에 꽂아 놨는데도 말을 안 듣는다. 오래 썼으니 이제 갈 때가 되었나, 혹시나 해서 흡입구 안쪽을 열어보았더니, 오 마이갓! 머리카락 한 움큼이 단단하게 뭉쳐 있다. 필터가 꽉 막혔다. 수년간 내 머리를 빠져나간 카락이 여기 다 모여 있다. 모종의 음모처럼, 숨은그림찾기처럼, 모발이 주인을 버리고 모반을 도모하고 있다. 나무는 흙 속으로 뿌리를 내려 이웃 나무와 통한다고 하던데, 내 머리카락도 신호를 보내기 위해 모스 부호처럼 톡톡 끊어졌던 것인지. 내 거처를 벗어나, 스위스에 있는 아들과, 전쟁 중인 가자지구까지, 안드로메다 너머까지, 가는 데까지 가보자, 일을 벌였던 듯. 내 의지와 상관없이 우주는 얽혀 있고, 사람들은 서로 머리카락으로 통하며 살고 있지 않을까 싶었다. 외로이 홀로 숨어 있는 이들이 많을 텐데, 이렇게라도 멀리멀리 주파수를 쏘아 보낼 수 있다는 게 여간 위로가 아니다. 청소기가 다시 돌아가자, 차 운전석 아래에서 한 줌의 머리카락이 또 빨려 나온다. 내가 보낸 메시지가 아직도 미확인 물체처럼 떠돌고 있다.

물은 혼자서도 길을 찾아간다

　난리가 났다. 밤새 폭우가 몰아친 아침, 작은방에 가 보니 천정에서 물이 쏟아진다. 장난이 아니다. 나이아가라엔 못 미치지만, 우리 고향 뒷산에 있는 수룡폭포와는 능히 겨룰 만했다. 그림 작업실이 폭격당한 우크라이나 전쟁터 같다. 완성해 세워 둔 작품은 겨우 화를 면했고, 대신 물감, 붓, 나이프 등이 둥둥 떠다니고 있었다.

　재작년에도 한차례 소동을 겪고 윗집 우수관을 고쳤는데, 이번에 다시 상처가 도진 것 같았다. 다 치료한 줄 알았는데, 그게 아니었다. 속으로 속으로만 고난의 생채기를 품어 안고 있었나 보다. 물통 다섯 개를 동원하고, 한 시간 정도 닦아내고, 위층 아지매에게 상황을 통보하고, 아파트 관리사무소에 긴급출동을 의뢰했다.

　겨우 난리를 가라앉히고 나니 파김치가 되었다. 물은 아주 천천히 시멘트를 비집고 들어갔을 것이다. 어깨에 힘을 주며 틈새를 벌렸을 것이다. 잘 벌어지지 않으면 무른 곳을 찾아 돌아갔을 것이다. 그리고 마침내 해방구를 찾아 폭포로 쏟아졌을 것이다. 어둠 속에서 홀몸으로 악전고투했을 저 물의 은밀한 끈질김이여!

　누수탐지업체에선 다음 주에나 오겠다고, 남 얘기하듯 시큰둥하다. 물이 아래로 흐르는 건 자연스러운 이치, 내가 손바닥 하나로 물길을 막을 수는 없을 터. 지난여름 바캉스는 커녕 계곡에도 한번 못 다녀왔으니, 차라리 대신 집에서 폭포수나 즐길까 싶다. 물에는 물의 법이 있고, 사람에겐 세상사의 순리가 있으리라 자위하며.

알 수도 있는 사람

　페이스북을 여는 아침, 먼저 '알 수도 있는 사람' 추천이 눈에 띈다. 하나같이 여자, 그것도 생전 본 적 없는 절세미인들, 미스코리아를 넘고 미스유니버스를 넘어 미스코스모스 최종 후보들 같으다. 나 같은 퇴물 선생에겐 언감생심이다. 기적이라면 모를까, 혹 영혼을 팔면 모를까. 그리하여 지난 한 달 연구 끝에, 페이스북이 내 늙어가는 신세를 긍휼히 여기사 레벨을 업그레이드시키려 한다는 걸 눈치챘다. 애고, 고맙기도 하셔라. 예쁜 여자 앞에만 서면 기가 팍 죽어 절인 배추처럼 쪼그라들기도 하지만, 아직도 내 가슴에선 화산 같은 불이 뿜어 나오고, 입에선 용암 같은 방언이 쏟아진다는 걸 모르시는구먼. 정작 곤란한 건, '알 수도 있는 사람'이라 하시는데, 지난 36억 년 역사를 아무리 뒤져봐도 전혀 생면부지라는 것, 검색도 기록도 허용하지 않는 아우아[*]의 가

---

[*] 아우아: 귄터 그라스의 소설 『넙치』에 나오는 세 개의 유방을 갖은 여성.

습이 야관문**의 빗장이 되어 내 앞을 가로막고 있다는 것이다. 저 금지의 영역은 어두운 빛인가, 환한 암흑인가. 오, 할렐루야!

** 야관문(夜關門): 남성의 정력에 좋다는 콩과 식물.

푸른 여권

 여권을 새로 만들었다. 수십 년 만에 바뀐 새 여권은 표지를 푸른색으로 입혔고, 로고와 디자인도 훨씬 세련되어졌다. 보기 좋으니 성능도 업그레이드되었을 테다. 세상 밖 더 멀리 갈 수 있을 것이다. 그렇다면, 이제 떠나야지. 어디가 좋을까? 스페인과 포르투갈의 먼지 나는 시골길을 다시 걷고 싶다. 터키와 그리스 쪽 지중해 바닷가 마을에서 두 달쯤 사는 건? 폴리네시아 남태평양 이름 모를 섬에서 다이빙 실력을 뽐내고 싶기도 하고. 남미도 가야 하는데 거긴 체력이 받쳐줄지. 호주와 뉴질랜드 가서 캠퍼 밴으로 대륙을 일주하는 것도 좋을 텐데. 꿈은 즐거운 활력이니, 날 말리지 마세요. 지구를 세 바퀴쯤 돌고 나면, 이젠 어머니가 계신 안드로메다에 가고 싶다. 혹시 거기 아니 계시면, 이번 나사에서 새로 공개한 푸른 은하를 찾아갈 것이다. 어쩌면 거기로 잠시 거처를 옮기셨을지도 몰라. 엄마 만나면 어릴 적 먹던 풀빵과 도토리묵을 만들어 달라 조를 것이다. 밀가루와 도토리는 우주 어디에서나 흔할 테지. 아니어도, 괜찮다. 마침내 돌아올 수 없다 해도, 내 꿈의 여권은 오래 유효할 것이다.

땅끝에서 보낸 날들

 글을 토해낸다는 토문재*에서 시는 겨우 한 편밖에 못 쓰고, 그 대신 산과 바다와 사람들을 만났다. 해창 막걸리 두 박스와 삼산 막걸리 두 병을 마셨고, 달마산 둘레길과 소안도 산길을 걸었다. 햇살이 해면에 부서지며 빚어내는 윤슬을 보았고, '제주백반' 집에서 풍겨오는 옥돔 비린내를 맡았다. 로드킬로 죽은 뱀과 고양이를 보았고, 가을을 밀어내는 푸른 숲과 붉은 정원을 보았다. 우연처럼 서울에서 온 시인과 호주에서 온 시인을 만나, 내가 상상하지 못했던 다른 세계에 대한 이야기를 나누었다. 해남 출신의 시인이자 소설가이자 시나리오 작가인 촌장과는 속에 감추고 있던 마음을 꺼내 한 조각씩 나누었다. 그런데도 글을 토하기는커녕, 나는 여전히 가진 것 없는 빈손. 어쩌면 이 가난이 내가 가진 든든한 재산일지도 모른다는 생각, 그래서 한 철은 배가 부를 것 같았다.

---

* 토문재(吐文齋): 전남 해남군 송지면에 있는 작가 레지던스 창작공간.

로드킬 S/Z

어제 토문재 뒷산 임도를 걷다 누군가 길바닥에 S자를 그려 놓은 걸 보았다. 울긋불긋했다. 분명 S자였는데 보는 이에 따라 찌그러진 Z자라고 주장할 가능성도 있다. S이건 Z이건 상관없이, 길바닥은 그런 그림을 그리기에 적당한 캔버스가 아니었다. 가까이 다가가 그림을 감상했다. 나는 어쩌면 마음이 찌그러진 사람일 가능성이 크다. 그림은 선명하지 않았고, 머리와 내장 부위가 조금 번져 있었다. 붓질을 잘못한 느낌이었다. 아마추어 냄새가 났다. 냄새라니? 아무 냄새도 나지 않았다. 그저 우리는 찌그러졌다는 점에서 공통점이 있었다. 세상을 납작하게 살아왔다는 점도 비슷할 듯했다. 납작납작, 물론 내가 가장 좋아하는 게 납작한 것, 예컨대 만두 같은 걸 좋아한다고 말하려는 건 아니지만, 깨진 골수와 척수를 물감처럼 길바닥에 납작납작 그려 놓은 걸 보는 일은 절대 유쾌하지 않았다. 언젠가 나도 죽어 저렇게 납작하게, 아니 납작한 흔적도 없이 한 줌 흙이 되어 사라질 가능성이 더 크다. 죽음은 납작할 수도 있고, 투명할 수도 있다. 어릴 적 우리 동네에선 '율미기'라고 불렀었는데,

이 울긋불긋의 공식 명칭은 잘 모르겠다. 시골이라고 이름이 없을 수는 없을 테니, 내 이름을 대신 얹어주고 싶었다. 나는 그저 제3자의 눈으로 두렵게 바라보고 있고, 뱀은 납작해져 있다. 납작하다는 건 죄가 될 수 없다. S도 Z도 여기에선 누구의 잘못이라 할 수 없다.

누구시던가?
— 해남 달마고도를 걸으며

　숲의 대부분은 측백나무 종류 같았다. 내게 익숙한 오리나무와 서어나무도 종종 눈에 띄었다. 미황사에서 북동쪽 꼭짓점까지 1코스에는 '출가길'이라는 명패를 붙여 놓았다. 나는 고등학교를 졸업하고 집을 떠나, 지금까지 정처 없이 떠돌고 있다. 어쩌면 낯선 세상 저쪽을 헤매다 이젠 익숙해진 이곳으로 돌아온 지 예순다섯 해, 그러니 꽤 오래 걸었다. 어디나 타향인 건 절반의 자의와 절반의 선택일 것, 삶은 그렇게 지속되어 왔다.

　2코스는 꼭지를 찍고 남서쪽으로 급격히 방향을 트는 길이다. 너덜이 많아 풍경이 멋지지만 길이 굽고 멀어 지친다. '수행길'이라는 말이 맞다. 누군가 반대편으로 걸어오는 사람을 처음 만난다. 인적 드문 곳에서 낯선 이를 만나는 건 기대이기도, 두려움이기도 하다. 가만 보니 젊은 시절의 나다. 그 청년은 나를 향해 씩~ 웃더니 말없이 지나간다. 영화에서 본 장면 같았다. 어쩐지 손해 본 느낌. 그가 지나간 길엔 흔적도 남아 있지 않았다.

아침 열 시에 출발해 벌써 세 시간이나 지났다. 3코스는 '고행길'이라 불리는데, 그 말이 이 길을 잘 말해주는 듯하다. 멀리 강진만 바다가 보이고, 진도로 건너가는 연륙교가 손에 잡힐 듯. 뒤로는 달마산의 흰 바위들이 병풍을 둘러 장엄하지만, 다리와 무릎이 전해주는 통증이 한참 무거워진다. 이번에는 한 중년의 사내가 나를 앞질러 지나간다. 이십 년 전 삶의 늪에 빠져 허우적댈 때의 나. 위로의 말이라도 건네고 싶은데, 그는 묵묵히 그냥 지나간다.

남서쪽 꼭짓점을 돌아, 다시 출발 지점으로 간다. 4코스는 '해탈길'. 생각이 좁아들고 내가 걷는 것인지 뛰는 것인지 기는 것인지 구분이 안 된다. 여섯 시간 지났고, 남녘 바다에서 물비늘이 반짝이는 게 보였고, 찬 바람이 불어왔다. 이번에 만난 사내는 내 나이 또래의 나다. 나는 용기를 내어 물어본다. 여긴 무엇하러 왔소? 그는 한참 뜸을 들이더니, 그대를 만나러 왔소, 대답했다. 내가 누군지는 아시오? 둘 중 하나가 물었지만, 우리 둘 다 대답하지 않았다.

선인장꽃

여러 해를 건너뛰더니 우리 집 선인장이 꽃을 피웠다. 온몸에 가시를 두른 까칠한 애가 어찌 이런 예쁜 꽃잎을 펼쳤는지 몰라. 자기 몸통만 한 꽃을 몸에서 꺼내려고 얼마나 아픈 산고를 겪었을까. 힘겹게 한 절정을 보여주고 나서, 그러나 애석하게도 꽃은 단 하루 만에, 툭, 목을 꺾는다. 자진(自盡)한다. 마치 남에게 보여주지 않으려던 비밀이, 너무나 황홀한 아름다움에 저절로 빛이 새어 나가 들통이라도 난 듯, 그래서 얼른 감춘다는 것이 모든 존재와 그 위의(威儀)까지 다 지운 듯. 아마 내가 알지 못하는 어느 미시의 차원에서 고민하고 좌절하고 오열했을지도. 아니, 어느 거시의 우주에서 홀로 높고 휘황하여 외로움이 오히려 두려웠을지도. 그래서 이런 찰나가 생명의 수레바퀴를 영원으로 굴린다 여겼을지도.

봄의 전언

 뒷산 숲에 까치가 돌아왔다. 오늘 아침 보니 모두 다섯 마리. 겨우내 보이지 않더니, 봄빛에 홀려 기억을 거슬러 돌아왔나 보다. 다섯 번째 혹은 여섯 번째 감각이 일깨워 주었을 수도 있겠지. 무딘 내 판단으로는 알 수 없는 일. 누구에게나 가슴이 시릴 땐 숨어들고 싶은 곳이 있으리라. 누구도 찾지 않는 구석이라도, 아무도 노크하지 않는 방이어도 좋다. 투명해서 자신에게만 보이는 영역이라면 다 좋다. 울어도 흔적 없이 눈물을 말릴 수만 있다면, 비록 사랑이 고요히 가라앉아 상처를 구분하기 어렵게 된다 해도, 상관없는 일. 그곳에선 시간이 느리게 움직이다 드디어 멈출 것이다. 그러면 된 것이다. 돌아가도 무탈할 때가 되는 것이다. 두 마리였던 까치가 다섯이 되고, 모든 존재는 껍질을 벗게 된다. 봄이니까, 봄이 왔으니까, 봄이 말하고 있다.

송홧가루

 춘삼월 지나면 기다렸다는 듯, 도처에 횡행한다. 눈에 잘 보이지도 않는 코로나처럼, 문을 꼭꼭 잠가도 어느새 방바닥과 탁자 위에 노랗게 내려앉아 있다. 원래 거기가 그들의 거처인 양, 그대로 뿌리내리겠다고 고집부리듯, 지워도 지워지지 않는다.

 어릴 적엔 노란 가루를 모아 다식을 해 먹기도 했다. 그때 새긴 탄흔이 내 몸에 남아 세상 모든 미시세계에 구멍을 냈으리라. 숨을 쉬고 밥을 먹고, 과거의 시간이 미래라는 다공질의 조직을 엮을 수 있는 것도, 다 얘네들의 엄청난 번식력 덕분 아닐까.

 이름도 예쁜 송화야. 눈을 뜨고 잎이 돋고 하늘에 닿기까지 수백 년, 불가해한 질료가 섞여 우주가 팽팽히 부풀 때까지 우리 손잡고 함께 가자고, 오늘 방바닥을 닦는 내게 다짐이라도 받으려는 것이냐. 어쩌랴, 내 생은 곧 시들어 저무는데.

너를 기다리는 세대는 저 미래에 있으니 오늘은 내가 자리를 비켜줘야 하리. 누구에게도 이 작은 비밀을 말하지 않겠다. 시간이 접혀 오늘이 내일이 되면, 우리 푸른 산정에서 다시 만나자. 목숨을 털어낸 자리마다 미리 노랗게 방석을 깔아둘게.

귀소(歸巢)

오래전 나온 내 시집은 책방에 없다. 절판됐다. 내게도 딱 한 권밖에 남은 게 없어 좀 사두려고 중고 서점을 검색해 봤다. 어떤 책은 아예 사라졌다. 인기가 좋아 나오지 않나 봐, 먼 우주를 떠돌고 있는지도 모르지. 또 어떤 책은 거의 열 배 가격에 매물로 나온 것도 있다. 어느새 골동품이 됐나 봐, 내가 어느새 유명인사가 됐는지도 몰라. 기뻐해야 하나, 모르겠다.

그렇게 다섯 권을 주문해 어제 모두 받았다. 그런데 첫 권을 펼치자 내가 잘 아는 K 시인의 서명이 나왔다. 그분이 소장했던 듯했다. 또 한 권을 펼치니, 이번엔 잘 아는 J 선생께 내가 증정한 서명이 나타났다. 내 손을 떠났다 수십 년 만에 내게로 돌아온 것. 어쩌면 두 권 모두 길을 잃고 헤매던 젊은 날의 나는 아닐까. 오랜 방황 끝에 마침내 집을 찾아온 건 아닐까.

아, 그런데 너무나 쓸쓸했다. 두 분 모두 지금은 이 세상 사람이 아니다. 한 분은 내가 장례식장에 조문을 가기도 했다. 또 한 분은 누구보다 따뜻하게 나를 위로해 주시던 선생님이었다. 불현듯 막막 먹먹해진다. 헌책으로 이어진 이 재회는 그분들이 내게 보내는 안부일 듯. 잘 지내나요? 혹은, 안쓰러움일 수도. 이승에서 여전히 시 같은 거 쓰고 있나요?

IV

분갈이를 하며

'당근마켓'에서 대형 시멘트 화분 세 개를 산다. 집이 비좁다고 투덜거리던 꽃나무를, 크기에 맞춰 이리저리 옮겨 심는다. 어떤 나무는 새집이 깨끗하고 널찍해서 좋아하고, 어떤 나무는 정든 곳을 떠나기 싫은지 낡은 화분을 실뿌리로 꽉 잡고 놓지 않는다. 낯선 곳에서 새 삶을 여는 마음도 귀하고, 익숙한 것을 간직하는 심성도 간절하다. 나는 작은 선물로 아크릴 물감을 꺼내 밋밋한 화분에 울긋불긋 그림을 그려 넣는다. 붉은 햇살도 그리고 넘실넘실 파도도 그리고 푸른 바람도 그린다. 시들시들했던 나무들이 활짝 웃는다. 고집을 부리던 나무도, 어깨 툭툭 털고 자리를 옮기던 나무도, 다 박수를 친다. 거실과 베란다에 초록 웃음이 와르르 쏟아진다.

꽃 따기

 우리 집 베란다는 다육이로 가득 차 있다. 비좁은 공간에 화분이 이백여 개. 얘들의 주인 겸 시종은 녹색 엄지[*]를 가진 아내다. 하지만 화분이 내 책상 앞에 있어, 눈 호강은 전부 내 차지, 꽃 피면 마음 환해지고 잎 붉어지면 몸도 따라 물든다. 일전엔 아내가 시샘이 났는지, 꽃 모가지를 똑똑 끊었다. 그 작고 예쁜 것을 매정하게 살처분했다. 안타까워 좀 두라 했더니, 얘들이 더 단단히 자라려면 꽃을 따주어야 한다고 했다. 식물엔 그들만의 섭리가 있다고, 봄에 꽃 피우고 여름에 푸릇 자라고 가을에 색을 다듬고 겨울에 쉰다고. 그래 지금 꽃을 따야 더 풍성해진다고 했다. 그렇다면 꽃은 식물의 절정이 아니라 몸을 방어하기 위한 분식회계 같은 걸까. 다른 사람 눈길을 끌려고 우리가 값비싼 외투를 걸치듯. 혹은 부끄러운 본색을 감추려 화려하게 치장하듯. 문득 수년째 단벌옷으로 버티는 나는 다육이 꿍꿍이속보다 한 수

---

* 녹색 엄지: 영어로 'green thumb'은 '식물을 잘 가꾸는 손재주'를 뜻한다.

아래라는 생각이 들었다. 이제 나도 꽃 시절 다 지나갔으니, 오늘은 울긋불긋 꽃무늬 반바지라도 하나 사 입어야겠다.

둥근잎유홍초

 반년 만에 뵙는 부모님 산소. 풀이 한 발씩 자라 길을 지웠다. 꾸지뽕 가지는 묘소 안쪽을 슬금슬금 엿보고, 환삼덩굴도 납작 엎드려 밀고 올라오기 시작했다. 내가 가져간 예초기는 자꾸 말썽을 부렸다. 배터리가 맘대로 꺼졌다 켜졌다, 아예 멈췄다. 할 수 없이 왜낫을 휘둘렀다. 덩굴을 마구 쳐냈다. 앗, 아니, 얘들이 꽃을 매달고 있네. 온몸이 가시인 줄만 알았는데 이렇게 예쁜 꽃을 불쑥 내밀다니. 흠칫 놀라 낫을 거두었다. 고민에 빠졌다. 잠시, 어머니께 막걸리 한잔 따라 올리며 여쭤보았다. 어무이, 이 꽃을 으찌허면 좋을까유?

 헌데, 내가 환삼덩굴이라 여겼던 그건 사실 환삼이 아니라는 사실이 밝혀졌다. 눈 밝은 어떤 이가 둥근잎유홍초라고 알려줬다. 흠, 이토록 예쁜 애가 어찌 불한당 같은 놈과 몸을 섞는단 말인가. 환삼이 유홍초를 애첩으로 끼고 있는지, 유홍초가 환삼을 기둥서방으로 삼았는지 알 수 없으나, 이 둘은 몸을 얽어맨 채 내 눈을 속이고 있었던 것. 어머니는 이미 다 알고 계시다는 듯, 다친 어깨도 아직 성치 않을 테고 날도 더우니, 이만하면 됐다, 하셨다. 아마 우리 모르는 세상에서도 목숨은 목숨에 기대어 사는 걸 게야, 혼자 말씀인 듯, 덧붙이셨다.

풀과 벌레

 달포 만에 밭에 갔다. 제초제 뿌린 걸 비웃기라도 하듯, 도꼬마리는 한 발씩 자라 있고 환삼덩굴은 제 세상인 양 온 밭을 활개치고 있다. 대추나무는 포기해야 할까 보다. 새싹 돋을 때마다 노루가 싹둑싹둑 잘라 샐러드를 해 드시는 것 같다. 아주 죽은 건 아니라고 앙상한 가지 끝에서 찢어진 잎사귀 몇 개를 흔들며 울었다. 내 마음도 찢어졌다. 그래도 감나무는 제법 가지를 쑥쑥 뽑아 올려 젖내를 지워냈다. 이대로 크면 내년에 대봉시 한 소쿠리쯤 딸 수 있겠지. 내심 기대를 걸고 싶었더니, 그것도 그게 아닐 성싶다. 여린 줄기 끝과 잎새 뒷면에 흰 벌레가 솜털처럼 끼었다. 이름도 예쁜 미국선녀벌레. 아, 누가 풀과 벌레를 아름답다 했던가, 차라리 차라리 그대의 초록 손으로 나를 미치게 하라.* 풀도 생명이고 노루도 생명이고 벌레도 생명이라고? 우리는 모두 평등한 목숨을 가졌다고? 아무려면, 울타리치고 약을 뿌려야 하나? 풀에게 베어버리겠노라 미리 선전포고라도 해

---

* 조용필 〈창밖의 여자〉에서 빌려옴.

야 하나? 풋내기 농부에게 답이 잘 보이질 않는다. 장마 그치면 다시 밭에 나가 어떻게든 아픈 애들을 봐주긴 해야 할 텐데, 답이 없다.

방아쇠를 당기며

육군 병장으로 제대한 지 수십 년, 방아쇠 당기던 기억을 내 손가락이 잘 간직하고 있어나 보다. 오늘 병원에 갔더니 군대도 안 갔다 왔을 것 같은 애송이 의사가 방아쇠수지* 라고 진단한다. "방아쇠를 당겨보세요, 그러면 나을 거예요." 지금도 나는 가끔 악몽을 꾼다. 내 몸을 군복에 구겨 넣던 그날이 떠오르며, "WANTED," 방아쇠를 당길 일이 아직 남았다고, 국가가 당신을 부른다고, 환청을 듣는다. 평생 수천의 표적을 향해 수만의 방아쇠를 당겼지만, 내겐 아직도 표적이 남아 있다는 뜻인가 보다.

지난날 내 손가락은 늘 방아쇠에 걸려 있었고, 표적은 계속 움직였다. 학교에서 아이들 가르치고, 월급 받아 밥 사 먹고, 차 사고, 집 사고, 두 아들 키워 내보내고, 명절에 부모님 소고기 사드리고, 밤새워 술 퍼마시고, 전봇대 붙잡고 다 토하고, 어, 내 표적이 바뀌었네, 당

---
* 방아쇠수지: 손가락 관절이 굽혀지지 않는 질병.

혹에 젖고, 이게 아닌데, 황당은 좌절이 되고, 정년보다 일찍 퇴직하고, 여기가 종착지 맞나? 표적을 알 수 없게 된 지금, 나는 여전히 방아쇠를 당기고 있다. 밖으로 날아간 총알은 언제나 안으로 돌아온다. 내가 머문 자리마다 구멍이 숭숭하다.

왼쪽으로 넘어지다

 내 몸은 왼쪽이 무거운 것 같다. 어제 오후 탄천 자전거길. 보슬비 내려 인적 드물고, 새 자전거에는 새 날개도 달려 있어, 초속 삼십만 킬로미터로 달렸다. 산책로를 보수하려고 파 놓은 곳이 구렁이었다. 걸려 넘어졌다. 일 분 정도 의식을 잃었다. "긴급구조를 요청할까요?" 묻는 소리에 정신 차렸다. 워치에서 나오는 여자 목소리는 전혀 긴급스럽지 않았다. 목소리 예쁘니 얼굴도 예쁠 거야. 아무 대책도 없는 생각이 광속으로 지나갔다. 사나이 체면이 있지, 예쁜 아가씨 요청을 정중히 사양했다. 길바닥에 주저앉아 상황을 살펴봤다. 왼쪽 어깨와 손, 왼쪽 엉덩이와 무릎이 피투성이가 되어 있었다. 헬멧 덕분에 왼쪽 뇌는 멀쩡한 것 같았다. 다행이야. 아닌가? 난 지금 어디에서 뭘 하는 거지? 주변 건물도 눈에 익은데, 내 위치를 가늠할 수가 없었다. 천국과 지옥의 갈림길에 닿았나? 나 지금 죽은 거야? 더 기가 막히는 건, 어찌어찌 자전거를 끌고 집까지 왔는데, 기억나질 않았다. 피 흘리며 너덜거리는 몸으로 멀고 멀고 먼 길을 어찌어찌 온 건 확실한데, 실크로드보다 험난했던 그 여정이 기억에서 사라졌다. 그저 바람 빠진 바퀴처럼 왼쪽이 허전할 뿐이었다. 내 기억과 죽음은 좌 편향일까. 며칠 지나서 왼쪽 네 번째 갈비뼈가 부러졌다는 걸 알았다.

엔딩 송

마지막이라면, 생이 내일쯤 문을 닫고, 이제 영업 끝났어요, 누군가 외친다면, 'The End' 자막을 내보낸다면, 어머니 불현듯 가셨듯 내가 떠날 차례가 되었다면, 나는 무슨 말을 남길 수 있나.

어느 날 골목을 걸어 집에 닿기까지 오래 걸었던 낡은 장면도, 아름다웠다고 고마웠다고, 누군가를 기다리며 불 켜지지 않는 창문을 오래 바라보았던 순간도, 습관처럼 반복되던 정전도, 질리게 먹던 콩나물도, 모두 고마웠다고 아름다웠다고.

임무가 끝났으니 한 장의 보고서를 제출해야 한다면, 무슨 말로 비린내 나는 생을 삶아야 하나, 맛이 없군요, 이런 반응을 견뎌야 하나, 끝까지 멀리 걸었으니 이젠 쉴 권리가 있다고, 내일도 지구는 둥글게 굴러가겠지만, 그렇다고 달라질 건 없다고.

미련으로 버텨왔으니, 더 논평할 게 없다고, 그래도

조금은 즐거웠고, 조금은 심심했고, 조금은 슬펐다고, 조금은 무거웠고, 조금은 기울어졌으나, 조금은 그런대로 불균형을 견뎌냈다고.

내가 누운 곳

왜, 충주 시골에 할머니 할아버지 산소가 있잖니? 묘역을 잘 단장해 놓은 게 아니라 그냥 밭 한 모퉁이를 돋우고 모셨잖아. 이쁘게 가꾼 것도 아니고 해마다 풀이 우거져 무성한 풀밭이 되지 뭐니. 8월 명절 이전에 벌초하긴 하는데 뽕나무 뿌리도 질기고 환삼덩굴이 어찌나 극성인지, 이겨낼 재간이 없더라. 내 생전에, 기력이 남아 있을 때, 두 양반을 수목장으로 모시려고 해. 어딘가에 얼마간 돈 주면 '나무무덤' 돌봐주는 데가 있긴 있다더라.

아마 소나무 아래면 좋겠지? 솔가지 아래에는 풀이 자라지 못하는 법이거든. 거기 부모님 묻고, 한쪽 옆에 나도 누웠으면 해. 나 가고 나면 산소 돌볼 사람이 누가 있겠니. 네 형은 멀리 사니 네가 들으렴. 물론 아직 때가 된 건 아니지만 그렇다고 아주 멀지도 않을 게야. 새겨두라는 말이지. 누워서 편안한 곳, 어딘들 어떻겠니? 바람은 부르지 않아도 불 것이고, 비도 슬며시 왔다 가고, 햇살이 이마를 짚어주겠지. 그럼 된 거지.

산 중턱이면 호사를 누리겠네. 아랫녘 들판을 굽어보다, 누가 낟가리 쌓는지 보기도 하고. 아님 첩첩산중에 나무끼리 숙덕거리는 소리에 지칠 즈음, 봄꽃 향기인지 갈잎 냄새인지 킁킁대는 것도 좋겠지. 눈이 무겁게 내려 솔가지 찢어져 내 어깨를 눌러도 불평하지 않을게. 그 정도야 살아오며 참았던, 시커메진 울음에 비하겠니. 새벽빛이 환한 날 그냥 문자 좀 보내봐. 그럼 나도 혼잣말인 듯 답할게. 난 와이파이 없이도 너희 목소리는 다 듣거든.

방풍나물을 먹으며

 바람을 막아준다는 나물이 있다. 바람이 분다, 살아야겠다, 이건 폴 발레리가 쓴 구절이고, 나는 이걸, 바람이 분다, 방풍나물을 먹어야겠다,로 고쳐 읽는다. 내게도 심한 바람이 불어온 적이 있다. 광기의 바람에 시달린 적 있다. 아, '시달렸다'고 하면 안 되겠다. '즐겼다'고 해야 맞을까, '피웠다'고 해야 정확할까. 그래, 나도 한때 지나가는 바람처럼, 사랑에 빠진 적이 있다. 너무 세차게 지나가는 바람에 내 심장에 일곱 개의 구멍이 났고, 그 상처는 앞으로도 칠십 년은 더 머물 것이다. 물론 스며들어 흔적도 흐려져, 내가 그 시절 바람을 즐겼던 것인지, 바람을 거슬렸던 것인지, 기억이 아슴하다. 이제 본격적으로 겨울 찬바람이 불어오기 시작하리라. 날 잡아 유리창에 바람막이 뽁뽁이 비닐을 붙인다. 바람이 차단되고 방이 따뜻해지겠지. 바람을 막는다고? 정말? 그게 가능한 일일까? 어느 틈엔가 바람은 빈틈을 비집고 들어올 것이고, 내 일곱 개의 구멍을 통과한 다음, 세월을 잘 썰어, 내 앞에 툭 던져놓을 것이다. 그래, 어디 한번 먹어봐. 나는 어쩔 수 없이, 바람의 갈비뼈를 뜯으며, 바람의 찌꺼기를 빼려고 이빨을 쑤시며, 고요히 늙을 것이다. 사랑은 돌아오지 않고, 방풍나물 무쳐 먹는 것으로 외로움을 달랠 것이다.

그림자 지우기

 가끔은 내가 어디에 서 있는지 모를 때가 있다. 지나온 발자국이 다 지워졌다. 발자국이 있던 자리에 대신 후회와 그리움이 쌓여 있다. 아이들 웃음소리와 새들의 지저귐이 머리 위에서 떠돈다. 나는 끝에서 끝까지 자신을 지우기 시작한다.

 불확실한 것이 많다. 그중에는 예컨대 '생각이 존재를 만든다' 같은 게 있다. 생각의 틈으로 스며드는 빛나던 것들. 지금은 검은 그림자가 된 것들. 굳어 시간의 화석이 된 것들이 지금의 우리 생을 떠받들고 있다. 사실 재산이란 게 그게 전부다.

 모든 사라지는 것들은 빛이나 빚이 된다. 앞의 약속도 그럴 것이다. 새가 나뭇가지에서 지저귀며, 얼마나 왔느냐고 묻는다. 나는 곧 종점에 다다를 것이라고 답한다. 묵은 미래가 어린아이처럼 어둠 속에 빛을 비춘다. 텅 비어 있다. 됐다.

사랑의 무게

쾰른성당 앞 다리엔 수백만 개의 자물쇠가 매달려 있다. 그 사랑의 증표는 한번 잠기면 다시는 열리지 않는다. 검푸른 강물이 열쇠를 삼켜버리기 때문이다. 당신과 나 사이도 흔적을 지우고 여기에 멈춰 있다. 완벽한 알리바이였다지만, 모든 사랑은 나름의 무게를 갖는 법, 우리가 그랬듯, 다리 난간이 점점 기울고 있다. 북한강과 강변북로를 돌아, 서쪽을 향해 일직선으로 연하게 난 길을 따라, 태양과 안드로메다까지 돌고 돌아, 잃어버린 기억을 쫓아 가끔은 다리 아래로 투신하는 사람도 있다. 잠들었다 깨어날 수 있기를 바라며, 자물쇠 대신 신발을 매단 경우도 있다. 정처 없는 사랑은 길 잃은 개처럼 송곳니를 드러내며 울거나, 낯선 곳으로 스며 세포 분열하듯 증식하기도 한다. 그러다 낯선 곳에 정착해 온전한 새 사랑을 짓기도 한다. 내 몸 68kg 중에 당신이 숨겨놓은 한 근 정도를 꺼내어, 드라이플라워처럼 잘 말리고 싶다. 그러면 나도 누군가의 열쇠가 되어 난간에 걸리거나, 구멍이 안 맞으면 강물에 던져질 것이다.

언젠가 우리 다시

　다시, 만날 수 있을까, 강남이거나 강변역이거나, 이 세상 어디에서든, 열 걸음 앞에서 당신 걸어온다면, 모른 체 피해야 하나, 그러기에 너무 늦으면 먼저 눈인사 건네야 하나, 이십 년이나 지났는데, 그 세월, 잘 지냈느냐고, 선뜻 떠오르지 않는, 턱선이 둥글었는지 눈가 주름이 세 개였는지 네 개였는지, 건강하냐고, 요즘은 아프지 않으냐고, 그래도 물어보아야 하나, 아니, 아주 아팠다고, 당신만큼 나도 아팠다고, 짐짓 독백처럼 고백해야 하나, 짙은 바이올렛 원피스가 잘 어울렸는데, 오늘 입은 흰 블라우스도 예쁘다고, 슬며시 칭찬인 듯 어색함을 덜어야 하나, 망설이는 순간, 어느새 다섯 걸음, 그때도 무심히, 마치 낯선 사이인 것처럼, 우연히 만난 것처럼, 우린 아무 사이도 아니에요, 변명하듯 무표정을 가장하며 걸었던, 강남이거나 강변역이거나, 장소는 지워지고 시간만 남은 장면을 기억하느냐고, 사랑은 시간 속으로 스며드는 거라고, 정말 그럴까, 색깔도 조금씩 바래 결국은 투명해지는 거라고, 정말, 그리고, 두 걸음, 한 걸음, 그냥 지나가자고, 후회는 남아도 상처가 덧나지는 않을 거라고, 지워지는 게 사람 사이의 섭리라면 그림자조차 겹치지 말자고, 아득해지자고, 그러면 다시, 바람이 우리의 뺨 사이를 핥고 지나가며, 허공에 화석처럼 얇고 엷은, 그러나 지워지지 않을 자국을 남길 거라고.

비록 먼지가 된다 해도

훗날, 언제일지는 몰라, 그래도 그날, 내가 흙에 묻혀 있을 때, 조금씩 삭아서 흙으로 스며들 때, 바로 그때 당신을 만나게 될 거야. 내 흙과 그대의 흙이 손잡을 수 있을 거야. 바람 불 때마다 조금씩 내 살점을 뜯어 날리고, 또 그렇게 그대에게서 날아온 먼지가 내 몸 위에 앉을 거야. 바람은 불려면 불라지, 불다 지치면 한 세기쯤 쉬었다, 다시 쉼 없이 불겠지. 길모퉁이 우리가 차를 마셨던 찻집의 처마를 지나, 사하라 사막 초입 뜨겁게 끓던 알리네 집 풀장의 벤치를 스쳐, 조금 더 멀리 태양이 부풀어 지구와 화성의 눈썹을 그을리고 떠다니는 텔레파시에, 우리 먼지가 찰떡처럼 곱게 가라앉을 거야. 그렇게 다시 만날 거야. 당신이 변한다 해도, 가늘고 여린 목소리도, 습자지 같던 살결도, 이제 영원히 사그라든다 해도, 그대에게서 나온 푸른 신호는 파동처럼 번져 우주 끝까지 갔다 메아리로 돌아올 거야. 우리에겐 서로를 탐지하는 예민한 수신기가 있으니, 그만하면 됐어. 만나서 뭐 하지, 어디 가지, 뭐 먹지, 이런 건 묻지 않아도 돼. 텅 비어 더 황홀한 우주에서, 나는 당신의 얼굴을 닦아줄 거야, 먼지 한 점 없이, 거울처럼.

우수아이아[*]

 서 본다, 세상 끝에, 마침내. 내가 지나온 발자국들, 당신이 따라오며 다 지운다. 흔적이 없으므로 당신도 없다. 이곳에 나와 당신이 있고, 또 없다. 없는 것은 있는 것이므로, 있었다는 사실도 없는 것이 된다. 서 있는 것들은 이렇게 모두 외롭다.

 일찍 와야 했다. 더 나아갈 곳 없는 절벽 앞에서, 질문이나 설명 같은 건 없어도 된다. 누군가 다 먹고 나서 식탁을 치워버렸을 것이다. 무거웠던 기억을 닦아냈는지, 음모인지. 우리는 지금 가벼워졌다고, 그럼 된 거라고, 서로의 귀에 속삭인다.

 연기처럼, 사라지는 것은 모두 얇아진다. 점점 얇아져 드디어 잊혀지는 것. 우리는 이미 그 너머까지 가본 적이 있다. 떠도는 영혼으로, 드디어 시간도 납작 엎드리

---

[*] 우수아이아: '세상의 끝'이라 불리우는 아르헨티나 최남단의 작은 도시.

고, 장소도 여기에서 거기로 옮겨갔고, 당신 눈에 푸른 물 자국이 남아 있다. 시리다.

작가 노트

산문시집을
엮으며

정한용

　이 책은 저의 여덟 번째 시집입니다. 시집 맨 뒤에는 으레 '해설'이라는 것이 붙습니다. 이웃 평론가나 시인이 작품에 해석과 설명을 달아, 독자의 이해를 돕는 것이 목적이라 하겠습니다. 이런 해설은 우리나라 출판계에서만 볼 수 있는 특이한 현상으로, 나름대로 장점도 있으리라 봅니다만, 그러나 저는 지금까지 낸 시집 중 초기에 딱 한 번을 빼곤 일절 해설을 넣지 않았습니다. 이번에도, 또 앞으로도 역시 그럴 생각입니다. 제가 '해설 기피증'이 있는 것은 아니고요, 필요를 느끼지 않는 이유를 먼저 살짝 말씀드려 보겠습니다.

　첫째는, 제 시는 해설이 필요할 만큼 난해하지 않다는 것입니다. 읽어보면 아시겠지만, 시에서 전하려는 의미와 언어와 이미지가 너무나 쉽습니다. 누구라도 이해할 수 있는 시, 이런 시를 쓰는 것이 제 목표입니다.

하긴 그래도 어렵다 하시는 분이 있긴 있는데, 그런 지적을 받으면 더 쉽게 쓰려고 노력합니다. 두 번째는, 저도 한때 평론을 열심히 쓴 적이 있는 사람으로, 본래 시의 텍스트는 열려 있어야 한다는 것, 어떤 하나의 해석만을 독자에게 강요해선 안 된다는 생각입니다. 그러니까 시집 뒤에 붙은 해설이 어쩌면 독자의 감상을 오히려 제한할 수도 있다는 염려입니다. 그리고 세 번째는, 이게 가장 큰 이유인데요, 가끔 작품을 난해하거나 엉뚱하게 해석하여 해설이 독자를 미궁에 빠지게 만드는 경우를 봅니다. 참 난감한 경우이지요.

지금 제가 '노트'라는 이름으로 드리는 말씀은 해설이 아닙니다. 못내 해설이 아쉬운 분이 있을까 하여, 이번 시집의 작품을 쓴 지난 몇 년간 마음속에 맴돌던 생각을 꺼내 붙여봅니다. 그러니 관심 없으신 분은 이 노트를 모른 척 지나치셔도 됩니다.

이 시집을 읽으면서 가장 먼저 눈에 띄는 게 하나 있으셨지요? 수록 작품 전부가 산문시라는 것, 예, 그렇습니다. 잘 알다시피, 시는 행을 나눠 들쭉날쭉하게 쓰는 게 보통입니다. 물론 행을 나누지 않은 산문시도 낯설지는 않으실 텐데요, 그렇다고 이 시집처럼 처음부터 끝까지 산문으로만 채운 경우는 흔치 않을 것 같습니다. 산문시를 즐겨 쓰는 선배 동료 시인들이 여럿 계시긴 하지만, 오로지 산문시집을 따로 내신 분이 있었던가요? 혹시 제가 과문하여 모르고 있다면 좀 알려주시기를 바랍니다. 자, 이렇게 제가 산문 시집을 묶는 이유를 말씀드리고자 합니다.

앞서 언급한 바와 같이, 저는 지금까지 일곱 권의 시집을 출판했습니다. 처음 네 권의 시집까지는, 많은 시인이 그러하듯, 몇 년간 써서 이리저리 흩어져 있던 시들을 단순히 책 한 권에 묶었습니다. 그러다 어떤 계기가 있어, 시집 한 권 전체를 기획하기로 마음먹었습니다. 그렇게 나온 다섯 번째 시집이 『유령들』(2005)이었지요. 이 시집의 작품은 모두 '제노사이드'라는 하나의 주제를 관통하고 있습니다. 기획하여 책을 내고 나니 단순 묶음보다 독자의 반향도 훨씬 크고, 내가 세상에 전하려는 메시지도 선명해지더군요. 그래서 여섯 번째 시집 『거짓말의 탄생』(2010)도 기획하게 되었는데, 이번에 주제로 삼은 것은 '판타지'였습니다. 앞의 시집이 너무 끔찍하고 무거웠다면 이 시집은 가볍고 재미있게 쓰고 싶었습니다. 이어 일곱 번째 시집 『천 년 동안 내리는 비』(2015)에서는 '미래문명'이라는 주제를 다뤄보았습니다. 기획 의도에 맞춰 완벽한 짜임을 갖추었다고 말씀드리긴 어렵지만, 저는 이 세 권의 시집을 인간 본성을 과거-현재-미래로 이어 이해하려는 내 나름의 '3부작'이라 살며시 주장하는 바입니다.

  이제 이 시집 『희망이라는 절망』의 작품을 쓴 지난 몇 년간의 기획 의도를 말씀드려 보겠습니다. 앞 세 권 시집은 주로 내용에 초점을 두었습니다. 즉 인간의 삶이 어떻게 흘러가고 그 본질이 무엇인지에 대한 탐구였기에, 사실 제가 시를 통해 더 할 말은 남지 않는 셈입니다. 아직 많이 부족하고, 제 작품이 완벽한 것도 아닌데 말이죠. 그래서 고민이 많았습니다. 여러 궁리 끝에, 이번에는 내용이 아닌 형식에서 새로운 길을 찾아보기로 했던 것입니다. 그리고 선택한 것이 산문시였습니다. 산문시는 이미 많은 분이 써서 익숙한 형식인데, 여기에서 새 광맥을 채굴할 수 있을까? 이 난제를 화두로 삼아 지난 몇 년간 시를 썼습니다. 길을 제대로 찾았는지 여부는, 내가 아니라 독자께서 판단하실 일이고요, 일단 여기 작업 보고서를 제출하는 바입니다.

  왜 산문시인가? 이 질문은 질문일 뿐 정답이 없습니다. 나는 두 가지 이유를 드리고 싶은데, 이것은 답이라기보다는 변명일지도 모르겠습니다. 내가 선택한 길이 옳은 것인지 알 수 없고, 옳다 해도 정답을 작품으로 구현하는 건 또 다른 문제이기 때문입니다.

자, 산문시를 좀 더 가까이 들여다봅시다. 산문시는 시이긴 한데 산문으로 되었다는 뜻이지요. 당연한 이 정의에서, 우리는 거꾸로 이런 추론을 끌어낼 수 있을 것 같습니다. 즉, 원래 시는 산문이 아니었다는 것, 그러니 산문으로 시를 쓰는 건 반칙이었다는 말입니다. '산문'과 '시=운문' 사이에서 누가 더 큰 세력을 갖느냐 다투는 장면을 상상해 봅니다. 과연 산문과 운문의 경계는 무엇일까요? 요즘 잡지에 발표되는 많은 시를 보면서, 나는 가끔 이런 '놀이'를 해봅니다. 행을 갈라놓은 시의 각 행을 모두 붙여보는 겁니다. 그러면 종종 (아마도 절반 이상) 운문시가 갑자기 산문시로 변합니다. 또 그와 반대로, 산문 한 토막을 적당히 행을 나누어 봅니다. 그러면 갑자기 산문이 시처럼 보이고, 원래 시로 쓰려던 것이 아닐지 여겨지기까지 합니다. 그러니까 산문시와 운문시의 경계가 참으로 애매모호하다 싶습니다.

산문과 운문을 구별하던 전통적 기준이 사라진 걸까요? 아니면 시에서 운문과 산문이 서로 섞이는 현상을 지금 시의 한 특징으로 봐야 할까요? 나는 이 섞임의 가장 큰 이유는 서정의 해체에 있지 않나 짐작합니다. 2000년대 들어와 시가 길어지고, 그러면서 의미의 파편화가 심해졌다는 것은 우리에게 큰 시사점을 안겨줍니다. 서정을 표현하던 언어에 이제는 파편화된 일상이 끼어들면서 단정한 음률들이 진부하게 느껴지기 시작했습니다. 말은 길어지지만 논리적으로 엮이지 않고 콩가루처럼 흩어집니다. 후기 자본주의, 나아가 신자유주의 끄트머리에서 하루하루 생존을 이어가야 하는 지금, 우리 삶이 바로 콩가루 같습니다. 그러니 우리 삶을 반영하는 시도 '로고스'적이지 못합니다. 이런 시의 변화에 충분히 공감하며, 이런 시대에 시를 쓴다는 것 자체가 우울하게 용감한 짓처럼 여겨지기도 하고요.

다시 얘기를 돌려, 운문과 산문의 경계가 꼭 필요한 게 아니라면, 산문화된 운문이나, 운문화된 산문이 가능할까요? 논리적 측면에서가 아니라 시 창작의 입장에서 말입니다. 나는 이것을 실험하고 싶었습니다. 시를 쓰며 꼭 행을 갈라야 하나, (좀 다른 이야기이긴 한데) 꼭 마침표를 모조리 지워야 하나, (이것도 좀 할 말이 많은데) 꼭 시적인 상징이나 은유를 깔아야 하나, (이건 당연하다 받아주실 것 같은데) 꼭 남들이 쓰는 대로 따라 써야 하나? 이렇게 말씀드린다고 해서 내가 정답을 갖고 있는 건 아니라는 걸, 이미 알고 계시거나, 조금은 틀려도 봐주시리라 믿습니다. 그런 생각들이 두서없이 머릿속에서 배회하는 모습을 망연히 바라보며, 나는 이 시집의 시를 썼습니다.

몇몇 분이 지적한바, 지금 우리 시대가 서사를 잃었

다는 말에 나는 적극 동의합니다. 이 말은 앞에서 서정의 해체와 더불어 매우 심각한 일이 아닐 수 없습니다. 서정이 사라졌는데 서사까지 잃어버리면 우린 무엇을 먹고 살라는 말입니까? 이 대목에서 서사를 잃어버렸다는 것이 무엇을 의미하는지 잠깐 고민해 봅시다. '서사'라면 은연중 우리는 리얼리티를 염두에 둡니다. 즉 '세상 사는 이야기'에서 '세상'을 당위적 대상, 그러니까 우리가 이상으로 삼고 있는 가치 지향점으로 여기는 것입니다. 이럴 경우 세상 이야기는 주체보다는 '타자'를 앞세우게 되며, 일종의 윤리적 자세를 요청하게 됩니다. 서사를 잃었다는 것은 세상에 대한 책임을 잃었고, 따라서 권리도 포기한다는 말이 될 듯합니다. 좀 지나치다 싶지만, 그건 사실입니다.

  그러나 지금 서사의 실종을 안타까워할지 모르지만, 겉으로 보기에 그런 것이지, 실제로 이 세상에서 이야기는 사라지지 않았다는 점을 주의해야 합니다. 서사의 기본이라 할 대하소설 같은 것을 쓰고 읽는 것이 낯설어진 것은 사실인 반면, 이제 소위 숏츠(Shorts)가 넘쳐나는 시대를 살고 있습니다. 다시 말해 이야기는 사라진 것이 아니라 달라졌다는 것이지요. 서사도 마찬가지, 서사를 리얼리티가 아니라 판타지에서 바라본다면, 그 범위는 무한히 넓어질 수 있다는 생각입니다. 나는 이

아이디어를 보르헤스 선생님에게서 배웠고, 지난 시집 『거짓말의 탄생』 이후에 작품 속에 응용해 오고 있습니다. 그리고 이번 산문 시집를 통해, 그 '거짓 이야기'를 좀 더 극단으로 밀고 갔던 것이고요. 우리가 리얼리티의 개연성을 고집하지만 않는다면, 이야기는 얼마든지 재미있고 풍부하게 전개될 수 있습니다. 요약하자면, 서사를 통해 어떤 목적을 얻겠다는 욕심을 버린다면 세상은 훨씬 즐겁고 풍요로워집니다.

 자꾸 말이 길어지고 어려워지네요. 쉬운 얘기를 어렵게 한다고 나무라실까 걱정입니다. 자, 이제 결론을 겸하여, 짧게 요약해 보겠습니다. 나의 산문시는 독자에게 이야기를 들려주는 게 목적입니다. 뭔가 시적인 상징이나 은유 같은 게 있지 않나, 찾으려 하지 마세요. 시인의 날카로운 시선으로 세상의 원리를 알려주겠지, 기대하신다면 그 기대도 접으시고요. 말도 안 되는 (논리적으로 납득이 안 되는 엉뚱한) 이야기를 읽고, 이건 어떤 의도가 숨어 있을까, 의심이 가신다면, 그런 의심도 무시하세요. 그냥 '이거 재미있네!'라고 느끼셨다면, 그것으로 됐습니다. 내 이야기의 팔 할은 재미입니다. 그것으로 충분합니다.

 나는 시를 쉽게 쓰려고 일부러 노력합니다. 낯선 개념이나 상징을 피합니다. 어색한 은유를 싫어합니다.

무슨 말인지 납득이 안 되는 문장을 혐오합니다. 그래서 일단 독자께서 쉬 접근할 수 있게 만들고 싶습니다. 앞에서 해설이 필요하지 않다고 말씀드렸는데, 이건 이야기('스토리'라고 하면 좀 멋져 보일까요?)의 힘을 믿기 때문입니다. 누구나 이야기를 듣고 하기를 즐깁니다. 그런 점에서 이야기만큼 강력한 도구는 없을 겁니다. 이것이 내가 이번에 이야기 중심의 산문시만으로 시집을 엮는 이유입니다.

마지막으로 한마디 덧붙입니다. 저는 1980년에 평론으로 먼저 데뷔했고, 1985년에 〈시운동〉이라는 동인지에 시를 발표하면서 작품 활동을 시작했습니다. 이번 여덟 번째 시집 『희망이라는 절망』을 마침 시작활동 40주년이 되는 해에 내게 되는군요. 40년이면 결코 짧다 할 수만은 없을 듯합니다. 그간 내 생애에 여러 파고가 지나갔고, 세상 보는 눈도 여러 차례 굽어졌을 겁니다. 돌이켜보면 내가 삶을 산 게 아니라 삶에 내가 이끌려온 것 같기도 합니다. 그 삶이 들려준 이야기를 받아적으며 살아왔는데요, 앞으로 언제까지 시를 계속 쓸 수 있을지 모르겠습니다. 지금은 시보다 훨씬 재미있는 게 많은 세상이니까요. 그래도 별다른 재주가 없으니, 앞으로도 꾸역꾸역 이야기를 찾아다니며 받아 적는 수밖

에요. 사실 이런 넋두리는 저 자신에게 거는 주문인지도 모르겠습니다.

청색지시선 12

희망이라는 절망
정한용 시집

초판 1쇄 발행 2025년 4월 7일

지은이	정한용
펴낸곳	청색종이
펴낸이	김태형
인쇄	범선문화인쇄
등록	2015년 4월 23일 제374-2015-000043호
주소	서울시 영등포구 문래동2가 14-15
	경기도 양평군 옥천면 옷새말길 53
전화	010-4327-3810
팩스	02-6280-5813
이메일	bluepaperk@gmail.com
홈페이지	bluepaperk.com

ⓒ 정한용, 2025

ISBN 979-11-93509-14-2 03810

이 책은 저작권법에 따라 보호받는 저작물이므로 저작권자와 출판사의 허락을
받아야 복제하거나 다른 용도로 사용할 수 있습니다.

값 12,000원